Alexander Goldwein

LEITFADEN FÜR INVESTMENTSTRATEGIE, STEUERSTRATEGIE & STEUEROPTIMIERTE RECHTSFORMWAHL

Das Erfolgsgeheimnis für den Aufstieg aus der Mittelschicht zum Millionär

M&E Books Verlag

LEITFADEN FÜR INVESTMENTSTRATEGIE, STEUERSTRATEGIE & STEUEROPTIMIERTE RECHTSFORMWAHL

Das Erfolgsgeheimnis für den Aufstieg
aus der Mittelschicht zum Millionär

Alexander Goldwein
ISBN 978-3-947201-37-2 (Taschenbuch)
ISBN 978-3-947201-38-9 (Gebundene Ausgabe)
1. Auflage 2018
© 2018 by M&E Books Verlag GmbH

Alle Angaben und Daten nach bestem Wissen, jedoch ohne Gewähr für Vollständigkeit und Richtigkeit. Alle Rechte, auch die des auszugsweisen Nachdrucks, der fotomechanischen Wiedergabe sowie der Auswertung durch Datenbanken oder ähnliche Einrichtungen, vorbehalten.

M&E Books Verlag GmbH
Mittelstr. 11-13
40789 Monheim am Rhein
Telefon 02173-993 8712
Telefax 02173-898 4993
https://me-books.de
info@me-books.de
Steuer-Nr: 135/5746/0659
USt.-IdNr.: DE310782725
Geschäftsführer: Vu Dinh

Die Deutsche Nationalbibliothek verzeichnet diese Publikation in der Deutschen Nationalbibliographie. Detaillierte bibliographische Daten sind im Internet über http://dnb.de abrufbar.

Cover design was created by using images #903791 as secondary elements - free images by pngtree.com (CC0 Creative Commons). Sun_PNG13412.png by pngimg.com is licensed under Creative Commons 4.0 BY-NC (pngimg.com/license).

VORWORT

Viele Menschen träumen von finanzieller Freiheit und Unabhängigkeit. Nur wenigen gelingt es, diese Ziele zu erreichen. Dabei hat grundsätzlich jeder Mensch die Möglichkeit dazu. Leider nutzen nur die meisten Menschen ihre Chancen nicht, weil sie zu wenig fokussiert sind und nicht über die entscheidenden Schlüsselinformationen verfügen.

Für die Erlangung von finanzieller Freiheit und wirtschaftlicher Unabhängigkeit ist der Aufbau eines größeren Vermögens unverzichtbar. Dazu sind drei entscheidende Baustellen in den Blick zu nehmen:

1. Erhöhung der Einnahmen
2. Intelligente Investition von Kapital zur Generierung passiver Einkünfte
3. Begrenzung der Steuerbelastung

Die signifikante Erhöhung der Einnahmen ist am besten mit einer Betätigung als Unternehmer oder Investor zu realisieren. Als Arbeitnehmer kann man in begrenztem Rahmen natürlich auch das **Arbeits**einkommen steigern. Aber dabei stößt man in der Regel schnell an Grenzen. Aber auch für Arbeitnehmer sind Hopfen und Malz nicht verloren, **wenn** (und diese Einschränkung ist wichtig) auf anderen maßgeblichen Baustellen keine Fehler gemacht werden. Denn auch Arbeitnehmern steht eine Karriere als Investor zur Generierung passiven Einkommens offen.

Viele Menschen unterschätzen radikal die Möglichkeit, das Einkommen und das Vermögen durch Investitionen zu steigern. Auf dieser Baustelle können sowohl Arbeitnehmer als auch Unternehmer einiges bewirken. Investitionen sind deshalb so interessant, weil sie zur Erschließung von passiven Einkünften führen und darüber hinaus Wertsteigerungspotential haben. Diese Baustelle steht allen offen und ich rate Ihnen dringend, diese nicht zu ignorieren. Ich kenne mehrerer Menschen, die neben einer Vollzeittätigkeit als Arbeitnehmer allein durch geschickte Investitionen in Wohnimmobilien zum selfmade Millionär geworden sind. Eine Betätigung als Investor kann ähnlich lukrativ sein wie eine unternehmerische Tätigkeit. Das kann auch beinhalten, dass Sie mehr Schulden machen und Darlehen aufnehmen, um bei Ihren Investitionen einen größeren Hebel zu haben oder schlicht und einfach, um diese überhaupt realisieren zu können. Beispielhaft möchte ich Investitionen in vermietete Wohnimmobilien erwähnen, die ich Ihnen in Kapitel E. I. dieses Ratgebers erklären werde.

Die Vergrößerung Ihrer Einnahmen und die Optimierung Ihrer Investmentstrategien sind noch nicht alles, was Sie tun können und tun sollten. Sie müssen bei alledem noch eine dritte Baustelle in den Blick nehmen: Ihre **Steuerbelastung**! Das ist eine sehr entscheidende Baustelle, die in ihrer Bedeutung von den meisten Menschen radikal unterschätzt wird. Ich kann Ihnen versprechen, dass Sie verblüfft sein werden, wie hoch die Steuerbelastung unter dem Strich tatsächlich ist und wie entscheidend es ist, auf dieser Baustelle zu punkten. Ich kann ohne Übertreibung sagen, dass vielen Menschen der Aufstieg aus der Mittelschicht zum Millionär nur deshalb nicht gelingt, weil sie diese Baustelle unterschätzen und keine Aktivitäten zur Begrenzung der Steuerbelastung entfalten. Das gilt insbesondere für hochqualifizierte Fachleute, die ein ganzes Leben lang als Arbeitnehmer eine extrem hohe Steuerbelastung schultern und nur deshalb niemals wirtschaftlich frei und wahrhaft vermögend werden, weil es ihnen nicht gelingt, diese Last auf ein erträgliches Maß zu reduzieren. Das ist schade, weil gerade diese hochqualifizierten Fachleute das Rückgrat der deutschen Wirtschaft sind, die eine geringere Besteuerung und mehr Respekt des Staates für ihre Leistungen verdient haben. Tatsächlich ist die Höhe der Steuerbelastung keine „gottgewollte Konstante", die nicht beeinflusst werden kann. Sie ist sehr wohl beeinflussbar. Wie das genau funktioniert, werde ich Ihnen in diesem Ratgeber detailliert belegen und erklären.

Ich möchte Sie zunächst dafür sensibilisieren, wie hoch die Steuerbelastungsquote in Deutschland tatsächlich ist. Wenn Sie wirtschaftlich erfolgreich sind und hohe Einnahmen erzielen, werden Sie schmerzhaft feststellen, dass dadurch die Steuerbelastung überproportional ansteigt. Diese Erfahrung machen nicht nur Unternehmer, sondern auch hoch qualifizierte Angestellte mit einem überdurchschnittlichen Gehalt. Irgendwann kommen Sie an einen Punkt, an dem Sie realisieren, dass der

Staat von jedem verdienten Euro fast die Hälfte wegsteuert. Das liegt an der Progression des Einkommensteuertarifes. Die Einkommensteuerbelastung steigt mit höheren Einnahmen stark an bis auf einen Spitzensteuersatz von 42% (= Spitzensteuersatz 1. Stufe) bzw. 45% (= Spitzensteuersatz 2. Stufe).[1] Hinzu kommt noch der Solidaritätszuschlag von 5,5% auf die Steuern, so dass Sie dann bei schmerzhaften 44,31% bzw. 47,48% Grenzsteuersatz landen.

Aber das ist ja noch nicht das Ende der Fahnenstange. Hinzu kommen Sozialversicherungsbeiträge und indirekte Steuern (z.B. Mehrwertsteuer). Unter Berücksichtigung des Grundfreibetrages und eines niedrigeren Eingangssteuersatzes ergibt sich für einen alleinstehenden Arbeitnehmer eine durchschnittliche Gesamtbelastungsquote mit Steuern und Sozialabgaben von schmerzhaften

---

[1] Für die Beträge bis € 54.950 (Stand: 2018) ergibt sich eine niedrigere Steuerlast. Das ergibt sich aus dem Grundfreibetrag und einem niedrigeren Eingangssteuersatz. Die Belastung steigt linear progressiv an. Bei Verheirateten oder Lebenspartnern greift die erste Stufe des Spitzensteuersatzes aufgrund des Splittingtarifes erst ab dem doppelten Betrag des zu versteuernden Einkommens (= € 109.900). Noch unerfreulicher wird es bei Einkommen ab € 260.533 für Ledige und entsprechend dem doppelten Betrag für Ehepartner oder Lebenspartner. Dann steigt der Einkommensteuersatz auf 45% an.

54,6%.[2] Das bedeutet, dass ein durchschnittlicher Arbeitnehmer bis zum 18. Juli eines jeden Jahres für den Staat arbeitet und erst danach in die eigene Tasche wirtschaftet.[3] Ich ahne, dass sich Ihre Mine beim Lesen dieser Zahlen verfinstert. Wenn Sie hier nicht gegensteuern, wird das Finanzamt Sie auf dem Weg in die finanzielle Freiheit und Unabhängigkeit massiv ausbremsen. Um das zu verhindern, müssen Sie sich rüsten mit Wissen über das Steuersystem. Dieses Wissen und die entscheidenden Erkenntnisse werde ich Ihnen in diesem Buch vermitteln.

Kommen wir noch einmal zurück auf das Thema der unternehmerischen Tätigkeit: Viele freiheitshungrige Menschen gehen den Weg in die Selbständigkeit, weil sie erkannt haben, dass sie ihr Leistungspotential in der Rolle des Angestellten nicht voll entfalten können. Häufig steckt auch die Erkenntnis dahinter, dass man mit „ehrlicher" Arbeit als Angestellter nicht auf einen grünen Zweig kommt. Als Angestellter sind Sie ein Leben lang auf Abhängigkeit programmiert. Solange Sie im aktiven Arbeitsleben stehen, sind Sie von Ihrem Arbeitgeber und

---

[2] Ich verweise dazu auf einen Artikel in der Online-Ausgabe des Handelsblattes vom 17.07.2017. Sie finden den Artikel im Internet unter dem folgenden Kurzlink:
https://goo.gl/DiQYRb

[3] Ich verweise dazu auf einen Artikel in der Online-Ausgabe des Handelsblattes vom 17.07.2017. Sie finden den Artikel im Internet unter dem folgenden Kurzlink:
https://goo.gl/DiQYRb

von den monatlichen Lohn- und Gehaltszahlungen abhängig. Sobald Sie in den Ruhestand eintreten, sind Sie zwar von Ihrem Arbeitgeber unabhängig, werden jedoch von den Rentenzahlungen der Deutschen Rentenversicherung (oder eines anderen Versorgungsträgers) abhängig. Ob die Versorgungsträger tatsächlich in der prognostizierten Höhe Zahlungen erbringen werden, steht völlig in den Sternen. Denn auf lange Sicht können Politiker die Macht der Zahlen nicht durch Propaganda aushebeln. Anders ausgedrückt: Man kann auf lange Sicht nur das verteilen, was man hat. Das übersehen Politiker gerne und decken Finanzlücken mit der Neuaufnahme von Darlehen. Das kann natürlich langfristig nicht funktionieren. Die Mathematik lässt sich nicht austricksen. Eine unternehmerische Tätigkeit als Alternative zum Angestelltendasein kann auch bei der Altersvorsorge einen entscheidenden Vorteil bringen. Denn Unternehmer sind befreit von der zwangsweisen Einzahlung in die gesetzliche Rentenversicherung und können stattdessen steueroptimiert eine eigene Altersvorsorge in Ihrem Unternehmen aufbauen. Das Zauberwort dafür heißt „Pensionszusage der inhabergeführten GmbH an den Geschäftsführer". Das ist die intelligenteste Kombination einer eigenverantwortlichen Altersvorsorge mit einem Steuersparmodell. Die Details werde ich Ihnen in diesem Buch erklären.

Eine wichtige Erkenntnis ist, dass sich eine steueroptimierte Rechtsformwahl nicht nur für eine unternehmerische Tätigkeit nutzen lässt. Sie spielt auch für Investoren eine wichtige Rolle. Insbesondere private Investoren können unter bestimmten Umständen davon profitieren, ihre Immobilieninvestments über eine eigens dafür gegründete GmbH zu tätigen. Insofern sind die Ausführungen zur steueroptimierten Rechtsformwahl in Kapitel C. nicht nur für Unternehmer relevant, sondern auch für Investoren. Den Zusammenhang werde ich Ihnen in Kapitel E. genau erklären.

Auf dem Weg in die Freiheit lauern viele Gefahren auf einen Unternehmer oder Investor. Die größte Gefahr besteht darin, eine Gefahr gar nicht zu kennen oder zu unterschätzen. Genau diese Gefahr ist bei steuerrechtlichen Themen besonders groß, weil hier so unerwartete und erstaunliche Fallen lauern, mit denen kein normal denkender Mensch rechnen würde. Die gute Nachricht ist, dass es nicht nur Fallen gibt, sondern auch verschlungene Pfade, die zu attraktiven Steuersparmöglichkeiten führen. Dieser Ratgeber dient auch dazu, Sie für Gefahren auf dem Weg in die finanzielle Freiheit zu sensibilisieren und Ihnen Orientierung zu geben, wie Sie möglichst ohne Umwege und Unfälle zu den saftigen Wiesen gelangen, um dort die versteckten Steuerprivilegien abzugrasen.

Alexander Goldwein

INHALTSVERZEICHNIS

VORWORT 4

INHALTSVERZEICHNIS 12

A. EINFÜHRUNG 16

B. UNTERNEHMERISCHE TÄTIGKEIT 20

C. RECHTSFORMWAHL FÜR EIN UNTERNEHMEN 27

I. Einzelkaufmännisches Gewerbe 29

II. Personengesellschaft (GbR, OHG und KG) 32

III. Gesellschaft mit beschränkter Haftung (GmbH) 35

IV. GmbH & Co. KG 40

V. GmbH & Still 41

VI. Aktiengesellschaft (AG) 43

VII. Sonstige Kapitalgesellschaften 45

VIII. Holdingstrukturen 46

D. STEUERLICHE FOLGEN DER RECHTSFORMWAHL 49

I. Besteuerung einzelkaufmännisches Unternehmens ... 54

II. Besteuerung von Personengesellschaften & Kapitalgesellschaften 60
1. Personengesellschaften 60
2. Kapitalgesellschaften 62
3. Geschäftsführervergütung bei der GmbH 82
4. Geschäftsführervergütung bei der Personengesellschaft? 88
5. Pensionszusage der GmbH an Geschäftsführer 90
6. GmbH & Co. KG 95
7. GmbH & Still 96

III. Steuerfallen für Unternehmer............................... 102

IV. Wechsel der Rechtsform....................................... 108

V. Steuerliche Aspekte bei Holdingstrukturen 113

E. INVESTMENTSTRATEGIEN 116

I. Kapitalanlagen in Immobilien 119
1. Errechnung der Rendite 120
2. Vervielfältiger..125
3. Vor- und Nachsteuerrendite 127
4. Eigenkapitalrendite 128
5. Veräußerungsgewinne 133
6. Die optimale Strategie für Renditeimmobilien 133
7. Steuerfalle „Einkünfteerzielungsabsicht"...............159
8. Immobilien in der GmbH 163

    9. Immobilienfinanzierung mit der GmbH 171

II. Kapitalanlage in Aktien **174**
    1. Chancen-Risiko-Profil 174
    2. Besteuerung von Erträgen aus Aktien 182

III. Aktienfonds und Indexzertifikate **187**

INDEX 190

BONUSMATERIAL 194

DER AUTOR 196

A. EINFÜHRUNG

Zu Anfang möchte ich Ihnen eine Frage stellen: Was ist die wichtigste Voraussetzung für Freiheit und Unabhängigkeit? Meine Antwort lautet wie folgt: Auf jeden Fall gehört ein ausreichend großes Vermögen dazu. Warum ist das so? Und warum reicht z.B. ein hohes laufendes Einkommen (z.B. aus einem Gehalt als Angestellter) nicht aus? Ganz einfach: Ein laufendes Einkommen kann versiegen durch Entwicklungen, die Sie nicht beeinflussen können. Ein hinreichend großes Vermögen ist weniger anfällig für Störfaktoren, wenn es intelligent investiert ist. Daher kann ein Mensch nur durch den Aufbau eines größeren Vermögens wirklich unabhängig und frei werden. Dabei ist das Nettovermögen entscheidend und nicht das Bruttovermögen. Das Nettovermögen ergibt sich aus der Differenz der vorhandenen Vermögenswerte und der Schulden.

Zum Aufbau eines hinreichenden Nettovermögens sind 3 verschiedene Baustellen in den Blick zu nehmen:

1. Erhöhung der laufenden Einnahmen
2. Intelligente Investition von Kapital zur Generierung von zusätzlichen, passiven Einnahmen
3. Begrenzung der Steuerbelastung

Beim Thema Nr. 1 (Erhöhung der laufenden Einnahmen) denken viele Menschen als erstes daran, den Chef nach einer Gehaltserhöhung zu fragen. Das ist aber nur eine einzige von vielen denkbaren Möglichkeiten. Wenn Sie einen wirklich ausgeprägten Freiheits- und Unabhängigkeitsdrang haben, dann sollten Ihnen weitere Möglichkeiten einfallen. Eine weitere Möglichkeit wäre, unternehmerisch tätig zu werden, um mit den eigenen Fähigkeiten und der eigenen Zeit eine höhere Wertschöpfung für sich selbst zu erzielen. Dem Thema der Unternehmensgründung habe ich ein ganzes Buch gewidmet: **„Existenzgründung leicht gemacht: In 7 Schritten erfolgreich durchstarten in die Selbständigkeit"**.[4]

Schließlich gibt es noch die Möglichkeit, durch intelligente Investition von Kapital weitere Einnahmen zu generieren und von Wertsteigerungen des Investitionsobjektes zu profitieren. Diese Möglichkeit steht sowohl Arbeitnehmern als auch Unternehmern offen. Dazu verweise ich auf Nr. 2 der obigen Auflistung. Diesen Themenblock werde ich im Kapitel „**E. Investmentstrategien**" ausführlich darstellen.

Schließlich ist bei allen Aktivitäten (egal ob als Arbeitnehmer, als Unternehmer oder als Investor) der Blick auf die Begrenzung der Ausgaben zu richten. In diesem Ratgeber wird der besondere Fokus dabei auf die Begrenzung und Reduzierung der Steuerbelastung gerichtet sein. Den Weg zu diesem Ziel werde ich Ihnen in den

---

[4] Das Buch finden Sie bei Amazon unter dem folgenden Kurzlink: https://amzn.to/2zmVK6d

Kapiteln „**D. Steuerliche Folgen der Rechtsformwahl**" und „**E. Investmentstrategien**" aufzeigen.

Nach der Lektüre dieses Ratgebers werden Sie in der Lage sein, die maßgeblichen Weichenstellungen vorzunehmen, um Ihre Ziele zu erreichen. Wenn beim Lesen dieses Ratgebers entsprechende Erkenntnisse gereift sind, dann werden Sie wahrscheinlich wütend auf den Staat sein, der Ihre Freiheit bisher unverhältnismäßig beschränkt hat durch zu hohe Steuern und Abgaben. Diese Wut ist erfahrungsgemäß bei Leistungsträgern besonders ausgeprägt, die die „Steuerlastenesel" der Nation sind. Kanalisieren Sie diesen Ärger bitte für eine echte Weiterentwicklung und beginnen Sie, Strategien gegen die staatliche Enteignung zu entwickeln. Wenn ich Ihnen vorrechne, wie stark Sie geschröpft werden, dann dient das nicht dazu, Sie zu frustrieren. Ich will Ihnen vielmehr die Augen öffnen und Alternativen aufzeigen. Das ist sinnvoller, als sich aufzuregen und sich die Gesundheit mit Ärger und Frustration zu ruinieren. Dabei wird Ihnen dieser Ratgeber helfen.

Ich werde Ihnen Wege aufzeigen, um aus der Steuerknechtschaft soweit wie möglich auszusteigen. Natürlich werden Sie Ihre Steuerbelastung nicht auf Null drücken können. Wer Ihnen etwas Derartiges verspricht, ist nicht seriös. Möglich ist jedoch eine signifikante Entlastung, die in Kombination mit einem intelligenten Konzept zur Investition der eingesparten Steuern tatsächlich eine Trendwende einleitet, die Sie in überschaubaren Zeiträumen aus der Mittelschicht in die Liga der Millionäre befördern kann.

Dieses Einschätzung mag Ihnen reißerisch und unseriös vorkommen. Tatsächlich ist sie es jedoch nicht. Ich möchte das durch ein einfaches Rechenexempel demonstrieren: Wenn Sie durch die in diesem Buch vorgestellten Strategien beispielsweise € 12.000 Steuern pro Jahr sparen und dieses Geld so investieren, dass eine Rendite von 8 % pro Jahr erwirtschaftet wird (z.B. mit Investitionen in Aktien oder Immobilien), dann ergeben sich daraus nach 15 Jahren satte € 335.829 Vermögensendwert.[5] Nach 20 Jahren wäre der Vermögensendwert sogar auf € 556.281 angewachsen. Und das alles mit Steuereinsparungen erwirtschaftet, d.h. mit Geld, dass Sie dem Fiskus abgetrotzt haben durch eine intelligente Steuerstrategie.

---

[5] Hierbei sind 0,5 % jährliche Depotgebühren bzw. Verwaltungsgebühren des Emittenten Indexzertifikates in Ansatz gebracht. Inflationseffekte und Steuern auf die Renditen sind nicht berücksichtigt.

B. UNTERNEHMERISCHE TÄTIGKEIT

Nehmen wir an, dass Sie derzeit ein gut qualifizierter Fachmann sind und als Angestellter beispielsweise € 60.000 brutto pro Jahr verdienen. Nach Abführung von Steuern und Sozialversicherungsbeiträgen bleibt davon vielleicht noch genug übrig, um ein ordentliches Auto zu fahren und ein bescheidenes Reihenhaus in einer mittelgroßen Stadt oder eine Eigentumswohnung in einer Großstadt zu kaufen. Aber Millionär werden Sie damit in Ihrem ganzen Leben wohl nicht. Das liegt nicht etwa daran, dass Sie zu wenig verdienen oder nicht gut genug qualifiziert wären. Es liegt vielmehr daran, dass Sie zu hohe Steuern zahlen und bisher zu wenig Zeit investiert haben, um die Steuerlast zu reduzieren. Werfen wir dazu einen Blick auf die Statistik der Steuereinnahmen des Staates. Aus der nachfolgenden Grafik können Sie entnehmen, dass Arbeitnehmer mit der Lohnsteuer mit großem Abstand die größte Steuerlast schultern, wenn man von der Umsatzsteuer absieht.

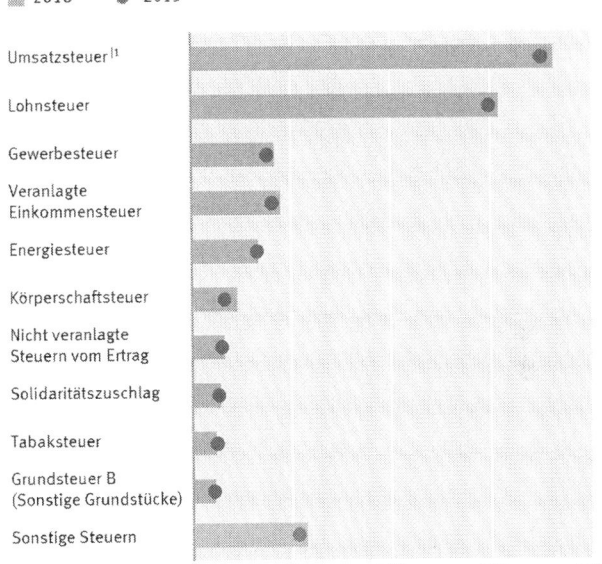

Abbildung 1: Bundesamt für Statistik, Statistisches Jahrbuch 2017, S. 261

Der große Anteil der Lohnsteuern am gesamten Steueraufkommen des Staates ist nicht nur dadurch zu erklären, dass es viele Arbeitnehmer gibt, sondern auch dadurch, dass Arbeitnehmer von der progressiv ausgestalteten Einkommensteuer gnadenlos erfasst werden. Unternehmer können an dieser Stelle viel besser gegensteuern. Das werde ich Ihnen in den nachfolgenden Kapiteln detailliert erklären.

Zwar haben Sie auch als Arbeitnehmer die Möglichkeit, sich als Investor zu betätigen (z.B. durch den Kauf von Immobilien oder Aktien) und dadurch steueroptimiert zusätzliche Einnahmen zu erzielen. Allerdings ist es für Unternehmer viel leichter, die verschiedenen Möglichkeiten zu nutzen. Das betrifft insbesondere die Möglichkeit, die Einnahmen zu vergrößern durch eine bessere Wertschöpfung aus der eigenen Arbeitskraft. Darüber hinaus haben Sie als Unternehmer viel größere Spielräume, Steuern zu sparen und Ihre Altersvorsorge steueroptimiert selbst zu organisieren.

Das Thema Altersvorsorge für Selbständige ist ein Dauerbrenner in der politischen Diskussion. Derzeit sind Selbständige - bis auf einige wenige Ausnahmen - grundsätzlich noch von der Versicherungspflicht in der Deutschen Rentenversicherung und von der Verpflichtung zum Aufbau einer Altersvorsorge befreit.[6] Das könnte sich jedoch ändern, wenn den Absichtsbekundungen der Regierungskoalition Taten folgen sollten. Ich zitiere wie folgt von Seite 93 des Koalitionsvertrages:

---

[6] Für welche Berufsgruppen von Selbständigen es bereits jetzt Ausnahmen von der Freiheit von der
Rentenversicherungspflicht gibt, können Sie auf der folgenden Internetseite der Deutschen Rentenversicherung nachlesen:
https://goo.gl/BFrU9m

"...Um den sozialen Schutz von Selbstständigen zu verbessern, wollen wir eine gründerfreundlich ausgestaltete Altersvorsorgepflicht für alle Selbstständigen einführen, die nicht bereits anderweitig obligatorisch (z. B. in berufsständischen Versorgungswerken) abgesichert sind. Grundsätzlich sollen Selbstständige zwischen der gesetzlichen Rentenversicherung und – als Opt-out-Lösung – anderen geeigneten insolvenzsicheren Vorsorgearten wählen können, wobei diese insolvenz- und pfändungssicher sein und in der Regel zu einer Rente oberhalb des Grundsicherungsniveaus führen müssen...."[7]

Ist Ihnen der zynische Unterton in den gerade zitierten Worten aus dem Koalitionsvertrag aufgefallen? Selbständige sollen geschützt werden vor Versorgungslücken im Alter. Dass es tatsächlich darum geht, sie für Finanzierungslücken zu verhaften, könnte man beim Lesen dieser salbungsvollen Worte fast vergessen.

Ob diese Planungen wirklich umgesetzt werden, ist derzeit noch nicht absehbar. Bereits im Jahr 2012 gab es einen Anlauf, die Rentenversicherungspflicht für Selbständige einzuführen.[8] Der damalige Plan ist jedoch im Sande verlaufen und nicht umgesetzt worden.

---

[7] Diese Aussage finden Sie im Koalitionsvertrag auf Seite 93. Den Text des Koalitionsvertrages können Sie unter dem folgenden Kurzlink im Internet kostenlos herunterladen: https://goo.gl/Ct1DWk

[8] Ich verweise dazu auf einen Artikel in Spiegel Online vom 21.03.2012, den Sie unter dem folgenden Kurzlink im Internet kostenlos herunterladen können: https://goo.gl/SE3r1k

Bei genauem Hinsehen zeigt sich, dass es sich bei den jetzigen Ideen im Koalitionsvertrag wohl nicht um eine flächendeckende Einführung der Versicherungsplicht in der Deutschen Rentenversicherung handeln dürfte. Vielmehr sollen Selbständige die Freiheit behalten, selbst zu entscheiden, ob Sie Mitglied in der gesetzlichen Rentenversicherung werden wollen oder anderweitige Instrumente der Altersvorsorge wählen (z.B. Rürup-Rente oder Pensionszusage einer inhabergeführten GmbH an den Geschäftsführer). Insofern dürfte nach meiner Einschätzung die Hoffnung begründet sein, dass sich nicht allzu viel ändern wird. Die Erhaltung einer grundsätzlichen Wahlfreiheit von Selbständigen bei der Gestaltung der eigenen Altersvorsorge dürfte nach meinem Verständnis der politischen Positionen nicht beabsichtigt sein.

Viele Arbeitnehmer schieben den Gedanken an eine unternehmerische Tätigkeit zu schnell beiseite und verkennen, dass sie damit Chancen verspielen. Ich selbst habe auch viele Jahre als angestellter Jurist in der Rechtsabteilung eines Unternehmens gearbeitet und für mich zunächst nicht die Notwendigkeit gesehen, unternehmerisch tätig zu werden. Irgendwann kam das Umdenken und heute weiß ich, dass ich als Unternehmer viel mehr Leistung bringen und viel mehr verdienen kann. Viele Arbeitnehmer unterschätzen die Vorteile der Selbständigkeit radikal, weil sie sich bisher gar nicht vertieft mit dem Thema auseinandergesetzt haben. Wenn Arbeitnehmer flächendeckend verstehen würden, wie viel Steuern und Abgaben sie mehr bezahlen als vergleichbare Selbständige, dann würden sie viel größere Anstrengungen unternehmen, um in die Welt der Unternehmer einzutreten. Ich möchte Sie daher ermuntern, auch für sich die Möglichkeit einer unternehmerischen Tätigkeit nicht zu schnell reflexartig zu verwerfen. Insbesondere sind die Chancen für einen Unternehmer in der Regel viel besser, wirklich vermögend und damit finanziell frei und unabhängig zu werden. Das eröffnet auch die Chance, früher in den Ruhestand zu gehen und ein interessanteres Leben zu führen. Ich möchte Sie daher einladen, sich mit dem Thema vertieft auseinanderzusetzen.[9]

Von der Idee einer Unternehmensgründung bis zur Umsetzung ist es ein weiter Weg. Auf diesem Weg sind diverse Fragen aufzuwerfen und Antworten zu finden. Die entscheidenden Weichenstellungen sind bereits in der Gründungsphase vorzunehmen. Das betrifft insbesondere die Rechtsformwahl, weil eine spätere Änderung der Rechtsform sehr unangenehme steuerrechtliche Rechtsolgen haben kann. Davon abgesehen, führt eine suboptimale Rechtsformwahl häufig zu einer unnötig hohen Steuerbelastung.

Das größte Risiko für einen Unternehmensgründer ist Planlosigkeit und Verkennung von Chancen und Ri-

---

[9] Ich verweise dazu auf mein weiteres Buch mit dem Titel **„Existenzgründung leicht gemacht: In 7 Schritten erfolgreich durchstarten in die Selbständigkeit"**. Das Buch finden Sie bei Amazon unter dem folgenden Kurzlink: https://amzn.to/2zmVK6d

siken. Bevor Sie sich entscheiden, ein Unternehmen zu gründen, sollten Sie sich fragen, ob Sie die notwendigen Voraussetzungen dafür erfüllen. Nicht jeder Mensch verfügt über die charakterlichen Eigenschaften, die einen Unternehmer erfolgreich machen. Deshalb gibt es signifikant mehr Arbeitnehmer als Unternehmer. Denn wenn es so einfach wäre, als Unternehmer erfolgreich zu sein, dann wäre jeder Unternehmer und es gäbe keine Arbeitnehmer mehr. Dem komplexen Thema der Existenzgründung und der vorgelagerten Fragestellungen habe ich ein vollständiges Buch gewidmet.[10]

---

[10] Ich verweise dazu auf mein weiteres Buch mit dem Titel „**Existenzgründung leicht gemacht: In 7 Schritten erfolgreich durchstarten in die Selbständigkeit**". Das Buch finden Sie bei Amazon unter dem folgenden Kurzlink: https://amzn.to/2zmVK6d

C. RECHTSFORMWAHL FÜR EIN UNTERNEHMEN

Unterstellen wir, dass Sie ein tragfähiges Geschäftsmodell ausgebrütet und konkret durchgerechnet haben. Nun stellt sich für Sie unvermeidlich die Frage, in welcher Rechtsform Sie das Unternehmen aufziehen wollen.

Für die Suche einer Antwort ist es hilfreich, zunächst einen Blick auf die möglichen Rechtsformen zu werfen. Daran anschließend werden ich Ihnen die Vor- und Nachteile der einzelnen Rechtsformen vorstellen, so dass Sie für sich selbst eine Wahl treffen können. Das Ziel einer steuerlichen Optimierung wird dabei eine besondere Rolle spielen.

Die nachfolgende Grafik weist aus, in welcher Rechtsform Unternehmensgründungen in Deutschland erfolgen.

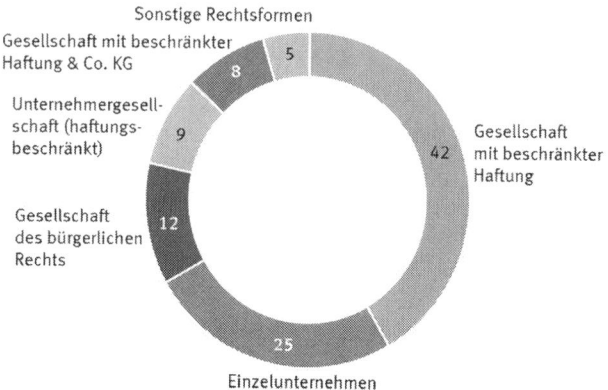

Abbildung 2: Bundesamt für Statistik, Statistischen Jahrbuch 2017, S. 524

Die einzelnen Rechtsformen werde ich Ihnen nachfolgend detailliert vorstellen und dabei auch die jeweiligen Vor- und Nachteile für Existenzgründer beleuchten.

I. Einzelkaufmännisches Gewerbe

Die einfachste Rechtsform der unternehmerischen Tätigkeit ist das einzelkaufmännische Gewerbe. Träger der unternehmerischen Tätigkeit ist dabei die natürliche Person des Unternehmers. Der administrative Aufwand für die Gründung und die laufende Verwaltung ist relativ gering.

Wegen der personellen Identität des Unternehmers und des Unternehmens besteht bei dieser Rechtsform keine Haftungsbegrenzung. Der Unternehmer haftet unbegrenzt für die Verbindlichkeiten aus der unternehmerischen Tätigkeit auch mit seinem Privatvermögen. Wenn die geplante unternehmerische Tätigkeit haftungsträchtig und gefährlich ist, dann ist von dieser Rechtsform eher abzuraten. Denn Gläubiger des Unternehmers können ohne Einschränkungen auch in das Privatvermögen des Unternehmers vollstrecken. Wenn Sie beispielsweise eine Reitschule betreiben wollen und dafür die Schulpferde zur Verfügung stellen, dann sollten Sie sehr ernsthaft über eine andere Rechtsform nachdenken, die Ihre Haftung auf das Betriebsvermögen das von den Gesellschaftern eingebrachte Eigenkapital begrenzt. Denn bei Reitunfällen mit Personenschäden können existenzgefährdende Schadensersatzansprüche entstehen. Für eine solche Unternehmung wäre daher beispielsweise eine GmbH die geeignetere Rechtsform, weil sie die Haftung auf das Betriebsvermögen der Gesellschaft begrenzt. Wenn Sie das Risiko durch den Abschluss von Haftpflichtversicherungen abdecken könnten, so werden die Versicherungsprämien dafür sehr hoch sein. Auch deshalb könnte es unter dem Strich sinnvoller sein, das Haftungsrisiko mit einer GmbH zu begrenzen.

Ein Vorteil des einzelkaufmännischen Gewerbes ist, dass der administrative Aufwand für die Gründung und die laufende Verwaltung (Buchhaltung, Steuererklärungen) gering ist. Für die Gründung ist **keine** Eintragung ins Handelsregister erforderlich. Für viele Tätigkeiten reicht eine Anmeldung des Gewerbes beim Gewerbeaufsichtsamt. Etwas anderes gilt nur dann, wenn für die Ausübung ein berufsqualifizierender Abschluss erforderlich ist. Dann ist selbstverständlich auch dieser für die Gewerbeerlaubnis nachzuweisen. In bestimmten Branchen (z.B. Lebensmittelbranche) ist noch ein sogenanntes Gesundheitszeugnis erforderlich und unter Umständen eine Schankerlaubnis.

Die Buchhaltung des einzelkaufmännischen Gewerbes kann in Form einer sogenannten Einnahmenüberschussrechnung schlank gehalten werden. Erst wenn der jährliche Gewinn die Grenze von € 60.000 **oder** der jährliche Umsatz die Grenze von € 600.000 überschreitet, ist der Gewerbetreibende zur vollausgewachsenen Buchführung verpflichtet (Jahresabschluss mit Bilanz und Gewinn- und Verlustrechnung). Freiberufler (z.B. Rechtsanwälte, Architekten, Ärzte, Psychologen etc.) dürfen auch bei Überschreiten dieser Grenzen weiterhin eine Einnahmenüberschussrechnung machen und auf einen Jahresabschluss mit Bilanz und Gewinn- und Verlustrechnung verzichten.

Eine Einnahmenüberschussrechnung ist eine simple Saldierung von Zahlungsströmen im Geschäftsjahr. Es reicht für die Buchhaltung aus, dass Sie sämtliche Einnahmen in einem Geschäftsjahr zu den Ausgaben ins Verhältnis setzen und aus der Differenz Ihren Jahresüberschuss berechnen. Eine Ausnahme hiervon bildet die Anschaffung von Anlagevermögen mit einem Anschaffungspreis von mehr als € 800 (netto). Die Anschaffungskosten dürfen dann nur ratierlich in Form von jährlichen Abschreibungen als Aufwand in die Einnahmenüberschussrechnung einfließen. Anschaffungen bis zu € 800 (netto) hingegen können sofort als Aufwand im Anschaffungsjahr abgezogen werden und wirken sich unmittelbar gewinnmindernd aus. Diese Grenze ist mit Wirkung zum 01.01.2018 von früher € 400 auf nun € 800 (netto) angehoben worden.[11]

Der mit der Einnahmenüberschussrechnung ermittelte Gewinn ist dann zusammen mit den sonstigen Einkünften des Unternehmers (z.B. aus Vermietung und Verpachtung) in der jährlichen Einkommensteuererklärung zu deklarieren. Dabei ist die Anlage G (Einkünfte aus Gewerbebetrieb) auszufüllen.

---

[11] Eine umfassende AfA-Tabelle mit den vorgeschriebenen Abschreibungszeiträumen finden Sie unter dem folgenden Kurzlink im Internet zum kostenlosen Download: https://goo.gl/yNSLTs

II. Personengesellschaft (GbR, OHG und KG)

Wenn Sie das Unternehmen nicht allein betreiben können oder wollen, dann müssen Sie mit den anderen Mitunternehmern eine Gesellschaft gründen. Eine Gesellschaft ist ein Zusammenschluss mehrerer Personen zur Verfolgung eines gemeinsamen Zweckes. Der Kreis der Gesellschafter und der verfolgte Zweck sowie die Beitragspflichten der Gesellschafter werden im Gesellschaftsvertrag geregelt. Dabei ist grundsätzlich zwischen Personengesellschaften einerseits und Kapitalgesellschaften andererseits zu unterscheiden. Zu den Personengesellschaften gehören die Gesellschaft bürgerlichen Rechts (GbR), die offene Handelsgesellschaft (OHG) und die Kommanditgesellschaft (KG).

Das gemeinsame Merkmal aller Personengesellschaften ist, dass die Gesellschafter persönlich für die Verbindlichkeiten der Gesellschaft haften und steuerrechtlich die Gewinne und Verluste der Gesellschaft direkt zugeordnet bekommen (sogenannte steuerliche Transparenz der Personengesellschaft). Das ist ein wesentlicher Unterschied zu den Kapitalgesellschaften (z.B. GmbH, AG), bei denen nur die Gesellschaft als solche direkt gegenüber den Gläubigern haftet und die Gewinne und Verluste zugerechnet bekommt.

Bei der GbR und bei OHG ist die Haftung der Gesellschafter für Verbindlichkeiten der Gesellschaft unbegrenzt. Bei der KG ist sie für die Kommanditisten begrenzt auf die Gesellschaftseinlage während sie für den Komplementär unbegrenzt ist. Kommanditgesellschaften werden häufig in der Form einer GmbH & Co. KG betrieben. Dabei übernimmt die GmbH die Rolle des Komplementärs. So kann erreicht werden, dass der Vorteil der Haftungsbegrenzung mit den Eigenschaften einer Personengesellschaft kombiniert wird. Denn die Komplementär-GmbH bei der GmbH verfügt in der Regel über kein nennenswertes Vermögen und hat daher nur die Funktion, die anderen Gesellschafter (Kommanditisten) vor der unbegrenzten Haftung abzuschirmen.

Der Unterschied zwischen der GbR und der OHG ist relativ gering. Eine OHG muss im Handelsregister eingetragen werden. Die GbR hingegen muss nicht ins Handelsregister eingetragen werden und hat daher einen geringfügig geringeren Gründungsaufwand. Ein weiterer Unterschied ist, dass eine OHG einen Firmennamen tragen kann während die GbR eine Geschäftsbezeichnung mit dem Zusatz der Namen der Gesellschafter und der Bezeichnung GbR tragen muss. Für ein Geschäftsmodell, bei dem die Außenwirkung wichtig ist, ist die GbR daher weniger geeignet, weil sie in der Wahrnehmung der Marktteilnehmer ein wenig wie die „kleine hässliche Schwester" der OHG wirkt. Ein weiterer Unterschied ist, dass die OHG ein Handelsgewerbe betreibt, das einen kaufmännisch eingerichteten Betrieb erfordert. Eine GbR hingegen verfolgt entweder einen nichtgewerblichen Zweck oder betreibt ein (kleines) Gewerbe, das keinen kaufmännisch eingerichteten Betrieb erfordert. Der Übergang von einem Kleingewerbe ohne kaufmännisch eingerichteten Betrieb zu einem solchen mit kaufmännisch eingerichtetem Betrieb ist nicht trennscharf definiert. Es gibt keine Umsatz- oder Gewinngrenzen. Vielmehr ist eine Gesamtschau aller Umstände vorzunehmen. Es kann daher passieren, dass eine GbR schleichend zu einer OHG wird.

Bei beiden Rechtsformen (GbR und OHG) haften die Gesellschafter im Außenverhältnis unbegrenzt gegenüber den Gläubigern der Gesellschaft und bei beiden werden Gewinne und Verluste den Gesellschaftern direkt zugerechnet und von diesen in der Einkommensteuererklärung deklariert.

III. Gesellschaft mit beschränkter Haftung (GmbH)

Die Gesellschaft mit beschränkter Haftung (kurz: GmbH) ist in Deutschland die mit Abstand am häufigsten vorkommende Kapitalgesellschaft. Auch bei Neugründungen von Unternehmen wird sie sehr häufig gewählt. Im Jahr 2016 sind 42% aller Unternehmensgründungen in der Rechtsform der GmbH erfolgt.

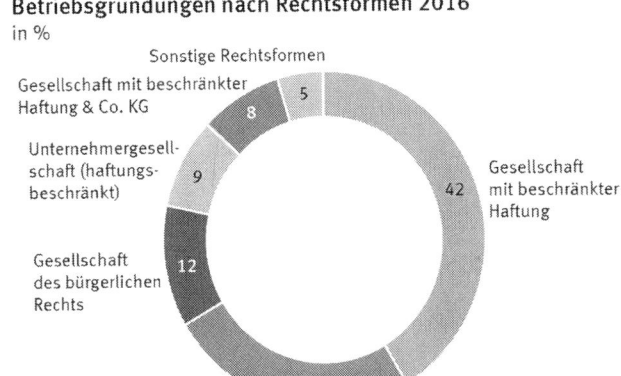

Abbildung 2: Bundesamt für Statistik, Statistischen Jahrbuch 2017, S. 524

Eine Kapitalgesellschaft ist etwas vollständig anderes als eine Personengesellschaft. Die Kapitalgesellschaft ist strikt separiert von den Gesellschaftern und eine eigene

Rechtsperson. Die Haftung ist grundsätzlich auf das Betriebsvermögen und das von den Gesellschaftern eingebrachte Eigenkapital beschränkt. Ein Durchgriff der Gläubiger auf die Gesellschafter wie bei der Personengesellschaft ist bei einer Kapitalgesellschaft **nicht** möglich.

Eine automatische jährliche Zurechnung von Gewinnen und Verlusten der Gesellschaft auf das steuerpflichtige Einkommen der Gesellschafter wie bei der Personengesellschaft findet bei der GmbH **nicht** statt. Die steuerliche Transparenz der GmbH als Kapitalgesellschaft fehlt.

Die GmbH ist unabhängig von Umsatz- und Gewinngrenzen immer zur kaufmännischen Buchführung und Erstellung eines Jahresabschlusses mit Bilanz und Gewinn- und Verlustrechnung verpflichtet. Die Gründung der GmbH erfordert eine notarielle Beurkundung des Gesellschaftsvertrages und die Eintragung ins Handelsregister. Erst mit der Eintragung ins Handelsregister erlangt die GmbH rechtlich ihre Existenz mit allen spezifischen Eigenschaften.

Für die Gründung einer GmbH ist ein Stammkapital in Höhe von mindestens € 25.000 erforderlich. Das Stammkapital kann entweder als Geld (Bargründung) eingebracht werden oder in Form von Gegenständen des Anlage- oder Umlaufvermögens, die auf die GmbH übertragen und damit Betriebsvermögen werden (Sachgründung). Bei einer Sachgründung müssen die eingebrachten Gegenstände mit ihrem Verkehrswert bewertet werden. Daher ist eine Sachgründung stets komplizierter, weil das Registergericht davon überzeugt werden muss, dass die eingebrachten Gegenstände zutreffend bewertet wurden und der Wert nicht nach oben frisiert ist. Deshalb ist in der Praxis die Bargründung die Regel und die Sachgründung die Ausnahme.

Die Gewinne und Verluste werden auch nicht zwingend den Gesellschaftern jährlich zugerechnet, sondern auf Ebene der Kapitalgesellschaft ermittelt und besteuert. Das sind entscheidende Unterschiede zur Personengesellschaft, die eine große Rolle spielen für die Rechtsformwahl eines Unternehmers. Erst bei der Ausschüttung von Gewinnen der GmbH an die Gesellschafter werden die Gewinne auf Ebene der Gesellschafter (ein zweites Mal) besteuert als Einkünfte aus Kapitalvermögen. Wenn die Gewinne bei der GmbH thesauriert und nicht an die Gesellschafter ausgeschüttet werden, dann werden sie auf Ebene der Gesellschafter **nicht** besteuert. Die jährliche Ausschüttung des Gewinns an die Gesellschafter ist nicht zwingend. Über die Verwendung des jährlichen Gewinns (Ausschüttung oder Thesaurierung) entscheidet die Gesellschafterversammlung der GmbH. Wir werden später noch anhand konkreter Berechnungen sehen, dass eine Thesaurierung der Gewinne bei der GmbH in der Regel steuerlich günstiger ist als die Ausschüttung an die Gesellschafter. In der Praxis erfolgt eine Gewinnentnahme bei der inhabergeführten GmbH aus steuerrechtlichen Gründen auch eher über die Zahlung einer Geschäftsführervergütung als über eine Gewinnausschüttung. Die Details werde ich ausführlich weiter unten besprechen.

Die GmbH kann auch als sogenannte Einmann-GmbH gegründet werden. Sie hat dann nur einen einzigen Gesellschafter, der zugleich zum Geschäftsführer der GmbH bestellt wird. Auf den ersten Blick wirkt die Gründung einer Einmann-GmbH unsinnig, weil es ja nur einen Gesellschafter gibt und daher für die Organisation der Ausübung eines Gewerbes keine komplexe Gesellschaftsstruktur erforderlich ist wie für den Fall der Beteiligung von mehreren Personen. Tatsächlich kann die Gründung einer Einmann-GmbH jedoch aus Gründen der Haftungsbegrenzung und aus steuerrechtlichen Gründen sehr sinnvoll sein. Ich werde das weiter unten noch ausführlich erklären.

Seit 2008 gibt es noch eine kleine Form der GmbH, die lediglich € 1 Stammkapital erfordert.[12] Die Rede ist von der Unternehmergesellschaft (haftungsbeschränkt), die abgekürzt als UG bezeichnet wird. Der Volksmund bezeichnet diese auch als „Mini-GmbH" oder „1-€-GmbH". Die Gründungskosten bei der UG sind mit € 200 bis € 300 geringer als die Kosten einer GmbH-Gründung, die mit ca. € 1.000 zu Buche schlagen. Das liegt auch daran, dass der Gesellschaftsvertrag einer UG nicht notariell beurkundet werden muss, wenn man von dem Mustergesellschaftsvertrag des Gesetzgebers nicht abweicht. Die UG genießt im Rechtsverkehr geringeres Ansehen als die GmbH und wird oft kritisch beäugt. Das ist wieder das Thema der „hässlichen kleinen Schwester", das wir

---

[12] Das ist in § 5 GmbH-Gesetz geregelt.

oben bei der Abgrenzung der GbR von der OHG bereits hatten.

Der Gewinn einer UG wird genau wie bei einer GmbH durch Bilanzierung ermittelt. Es gibt insoweit auch keine Erleichterungen bei der Buchführung und der Steuer. Eine UG muss gesetzlich zwingend mindestens 25% des jährlichen Bilanzgewinns thesaurieren und in die Gewinnrücklagen einstellen, bis die Rücklagen mindestens € 25.000 betragen. Eine UG kann später in eine GmbH umgewandelt werden.

Ich würde Ihnen von der Gründung einer UG statt einer ganz normalen GmbH abraten. Die Nachteile überwiegen die Vorteile. Außerdem ist zu bedenken, dass das Stammkapital von € 25.000 ja kein verlorenes Geld ist. Es kann von der GmbH verwendet werden und ist nicht etwa auf einem eingefrorenen Sperrkonto zu parken. Diese Vorstellung haben manche Gründer. Das geht jedoch an der Realität vorbei. Bei Lichte betrachtet ist es daher nicht richtig, dass bei Gründung einer GmbH zusätzlich € 25.000 Startkapital benötigt werden. Davon abgesehen sollte man bei einer Unternehmensgründung in der Lage und bereit sein, € 25.000 Startkapital aufzubringen.

IV. GmbH & Co. KG

Die GmbH & Co. KG ist eine Kombination aus Kapitalgesellschaft und Personengesellschaft. Sie ist im Grunde eine Kommanditgesellschaft (KG) mit einer Kapitalgesellschaft als Vollhafterin (= Komplementärin). Dabei hat die GmbH die Funktion, die anderen Gesellschafter (= Kommanditisten) vor einer unbegrenzten persönlichen Haftung mit dem Privatvermögen abzuschirmen und die Geschäftsführung der KG zu übernehmen. Denn bei der Kommanditgesellschaft muss notwendigerweise bei einem Gesellschafter die Haftung unbegrenzt sein. Aus diesem Grund hat die Komplementär-GmbH bei der GmbH & Co. KG auch kein nennenswertes eigenes Vermögen bis auf die Mindeststammeinlage von € 25.000. Sie hält in der Regel nur einen mikroskopisch kleinen Anteil an der KG. Dieses Konstrukt kombiniert die Eigenschaften der Personengesellschaft mit den Vorteilen der Haftungsbegrenzung der Kapitalgesellschaft. Der Nachteil ist die komplizierte Struktur und die Notwendigkeit, sowohl für die GmbH als auch für die KG eine kaufmännische Buchführung zu machen und einen Jahresabschluss zu erstellen. Das ist ein deutlich höherer administrativer Aufwand als bei einer OHG. Sowohl für die GmbH als auch für die KG müssen Steuererklärungen abgegeben werden, was den laufenden administrativen Aufwand nochmals erhöht. Die Gründungskosten sind ebenfalls höher als bei einer OHG. Daher wird diese Rechtsform von Kleingewerbetreibenden nur selten gewählt.

V. GmbH & Still

Die Rechtsform einer GmbH & Still ist weit weniger bekannt als die GmbH & Co. KG. Sie kombiniert eine GmbH als Kapitalgesellschaft mit einer Personengesellschaft, die allerdings (anders als bei der GmbH & Co. KG) nach außen nicht in Erscheinung tritt. Es handelt sich um eine reine Innengesellschaft, deren Gesellschafter die GmbH einerseits und der stille Gesellschafter andererseits sind. Der Hauptzweckt dieser Gestaltung ist die Kapitalbeschaffung für die GmbH in Form der Einlage des stillen Gesellschafters.

Die GmbH & Still kommt in zwei Ausprägungen vor: Bei der ersten Ausprägung der **typisch stillen Gesellschaft** ist der stille Gesellschafter **nicht** am Betriebsvermögen und damit auch nicht an den stillen Reserven des Unternehmens beteiligt. Er hat die Stellung eines Fremdkapitalgebers und damit die einer Bank vergleichbare Stellung. Allerdings mit dem Unterschied, dass auf die stille Einlage keine Festzinsen gezahlt werden wie bei einem Bankdarlehen, sondern eine Beteiligung am Unternehmensgewinn gewährt wird.

Bei der zweiten Ausprägung wird eine **atypisch stille Beteiligung** vereinbart. Das beinhaltet, dass der stille Gesellschafter anteilig am Betriebsvermögen und damit auch an den stillen Reserven beteiligt wird. Darüber hinaus werden dem atypisch stillen Gesellschafter in der Regel Mitwirkungsrechte bei grundlegenden Entscheidungen der GmbH eingeräumt (z.B. ein Zustimmungsvorbehalt bei der Verlegung des Firmensitzes an einen anderen Ort oder beim Verkauf von wesentlichem Betriebsvermögen). Im Falle des Verkaufs von Betriebsvermögen oder im Falle der Beendigung der Geschäftstätigkeit der GmbH ist der atypisch stille Gesellschafter an den aufgedeckten stillen Reserven zu beteiligen.

Die Rechtsform GmbH & Still wird selten von Unternehmensgründern gewählt. Häufig wird eine solche erst später vereinbart, wenn die GmbH bereits seit einigen Jahren operativ tätig ist und weiteres Kapital für die Expansion benötigt. Für die Errichtung einer stillen Gesellschaft mit einer GmbH ist keine notarielle Beurkundung und keine Eintragung im Handelsregister erforderlich. Der privatschriftliche Abschluss eines Gesellschaftsvertrages reicht aus.

VI. Aktiengesellschaft (AG)

Schließlich gibt es noch die Aktiengesellschaft als mögliche Rechtsform für ein Unternehmen. Jeder kennt sie von der Börse. Eine Aktiengesellschaft entsteht genau wie die GmbH durch notarielle Beurkundung des Gesellschaftsvertrages und Eintragung ins Handelsregister. Das Mindeststammkapital der AG beträgt € 50.000. Die Besonderheit gegenüber der GmbH besteht darin, dass die Gesellschaftsanteile in Form von Aktien frei handelbar sind und bei entsprechender Registrierung an einer Börse täglich vom Markt bewertet werden.

Die Rechtsform der AG dient dazu, kapitalintensiven Unternehmungen einen Zugang zum Kapitalmarkt zu verschaffen. Das erfolgt durch Platzierung der Gesellschaftsanteile an Börsen in Form von Aktien zur anonymen Einwerbung von Gesellschaftskapital in großem Stil. Die tägliche Bewertung der börsennotierten Aktien und die Bereitstellung der Börse als Handelsplatz sichert die jederzeitige Verkäuflichkeit der Aktien und steigert damit die Bereitschaft von Anlegern, diese zu kaufen. Die Anteile an einer GmbH hingegen sind **nicht** frei handelbar. Für die Übertragung eines GmbH-Anteils ist (anders als bei Aktien) die notarielle Beurkundung vorgeschrieben.[13]

Die Rechnungslegungsvorschriften und formalen Anforderungen sind zum Schutz der Aktionäre bei einer AG entsprechend hoch. Der Jahresabschluss muss zusätzliche Berichtsbestandteile enthalten wie z.B. den Lagebericht und es ist mindestens einmal jährlich eine Hauptversammlung der Aktionäre durchzuführen, in der der Vorstand der AG Rechenschaft ablegt und Beschlüsse gefasst werden.

Die Besteuerung findet auf Ebene der AG statt in Form einer Körperschaftssteuer und einer Gewerbesteuer. Nur die an die Gesellschafter ausgeschütteten Gewinne werden auch auf Ebene der Aktionäre besteuert mit der Abgeltungssteuer (pauschal 25% zzgl. Solidaritätszuschlag). Gewinnausschüttungen werden bei der AG als Dividenden bezeichnet.

Wegen des erheblichen Gründungsaufwandes und wegen des großen laufenden, administrativen Aufwandes kommt die Rechtsform der AG nur im Ausnahmefall für eine Unternehmensneugründung zum Einsatz.

---

[13] Das ist in § 15 GmbH-Gesetz geregelt. Häufig regelt der Gesellschaftsvertrag der GmbH darüber hinaus das Erfordernis der Zustimmung aller Gesellschafter zur Übertragung eines Gesellschaftsanteils.

VII. Sonstige Kapitalgesellschaften

Lediglich der Vollständigkeit halber weise ich darauf hin, dass es noch weitere Kapitalgesellschaften gibt, die jedoch in der Praxis keine erhebliche Rolle spielen und daher nicht weiter besprochen werden sollen: Kommanditgesellschaft auf Aktien (KGaA), Europäische Aktiengesellschaft (SE), eingetragene Genossenschaft (e.G.) und schließlich die British Limited (British Ltd.). All diese Gesellschaftsformen eigenen sich für die Gründung eines Unternehmens in Deutschland eher weniger.

Insbesondere von der British Ltd. rate ich ab, weil sie entgegen anders lautender Gerüchte nicht wirklich günstiger ist und einen erhöhten administrativen Aufwand nach sich zieht. Denn für die British Ltd. müssen jährlich Bilanzen beim Company House in Großbritannien eingereicht werden, was mit Aufwand und laufenden Kosten verbunden ist. Allein das geringe Gründungskapital ist kein hinreichender Grund mehr für die Gründung einer British Ltd., weil es seit 2008 auch nach deutschem Recht eine „Mini-GmbH" in Form der Unternehmergesellschaft (haftungsbeschränkt) gibt, die ebenfalls mit einem Gründungsstammkapital von 1 € gegründet werden kann. Die British Ltd. hat darüber hinaus einen schlechten Ruf, weil sie verstärkt von unseriösen Marktteilnehmern eingesetzt wird. Ich rate Ihnen daher davon ab, diese Rechtsform für die Gründung Ihres Unternehmens in Erwägung zu ziehen.

VIII. HOLDINGSTRUKTUREN

Abschließend möchte ich auf ein Thema zu sprechen kommen, das Sie vielleicht weniger in Zusammenhang mit einer inhabergeführten, mittelständischen GmbH bringen würden: Die Etablierung einer Holdingstruktur.

Allerdings kann eine Holdingstruktur auch für eine mittelständische GmbH sinnvoll sein. Zur Erklärung muss ich ein wenig ausholen: Eine unternehmerische Tätigkeit ist mit Risiken verbunden. Daher wird die GmbH als Kapitalgesellschaft häufig gewählt, um die Haftung zu begrenzen. Wie oben dargestellt, haftet nur das Vermögen der GmbH gegenüber den Gläubigern und nicht das Vermögen der Gesellschafter. Das ist ein signifikanter Unterschied zur offenen Handelsgesellschaft oder Gesellschaft bürgerlichen Rechts, bei der die Haftung der Gesellschafter unbegrenzt ist. Wenn Sie mit Ihrer unternehmerischen Tätigkeit in der Rechtsform einer GmbH erfolgreich sind, dann werden sich in der GmbH mit der Zeit erhebliche Vermögenswerte aufbauen. Das gilt insbesondere vor dem Hintergrund, dass die Thesaurierung von Gewinnen steuerlich günstiger ist als die Ausschüttung an die Gesellschafter.[14] Daher ist es auf lange Sicht **nicht** ausreichend, nur Ihr Privatvermögen gegen eine Haftung abzuschirmen. Sie müssen vielmehr auch die erwirtschafteten und in der GmbH thesaurier-

---

[14] Die Details dazu finden Sie im Kapitel D. II. 2. d) weiter unten dargestellt.

ten Gewinne in Sicherheit bringen für den Fall, dass Risiken des Geschäftsmodells schlagend werden und die GmbH abgewickelt werden muss.

Dieses Ziel können Sie am besten mit einer Holdingstruktur erreichen. Dazu gründen Sie eine zweite GmbH, die die Anteile an der operativ tätigen GmbH hält. Die Gewinne der operativ tätigen GmbH werden jährlich an die Holding-GmbH überwiesen. Die Holding-GmbH selbst ist nicht operativ tätig und daher gegen entsprechende Risiken abgeschirmt. Das funktioniert natürlich auch mit mehreren operativ tätigen GmbH's, wenn zusätzlich eine horizontale Risikoabschottung verschiedener unternehmerischer Aktivitäten angestrebt wird.

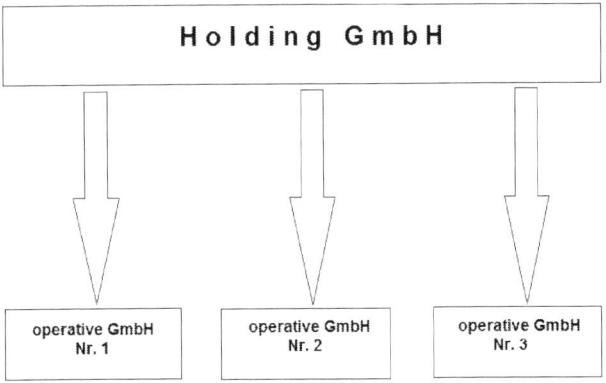

Eine solche Holdingstruktur lässt sich übrigens auch gut kombinieren mit der rechtsformoptimierten Investition von Kapital (z.B. in Aktien oder Immobilien). Dazu finden Sie weiter unten im Kapitel E. detaillierte Ausführungen.

D. STEUERLICHE FOLGEN DER RECHTSFORMWAHL

Jetzt wird es interessant und leider auch ein wenig kompliziert. Denn steuerrechtliche Regelungen sind in Deutschland selten einfach. Es lohnt sich jedoch, sich mit diesen Themen zu befassen, weil man dadurch in erheblichem Umfang Steuern sparen kann. Ich drücke es Mal so aus: Ich interessiere mich nicht für das Steuerrecht, obwohl ich ein Fachmann auf diesem Gebiet bin. Ich interessiere mich vielmehr für das Sparen von Steuern. Dazu ist jedoch eine Auseinandersetzung mit dem Steuerrecht unverzichtbar, wenn man kein Geld an das Finanzamt verschenken möchte. Das gilt sowohl für eine Tätigkeit als Unternehmer als auch für eine Tätigkeit als Arbeitnehmer und/oder Investor. Vielleicht motiviert Sie diese Einleitung, Ihren nachvollziehbaren Widerwillen gegen diese spröde und komplizierte Rechtsmaterie zunächst einmal zurückzustellen und sich mit der Aussicht auf Einsparungen bei der Steuerlast zu motivieren. Bei mir hat dieser Trick funktioniert. Es sollte Ihnen daher auch gelingen.

Für das Verständnis möchte ich Ihnen noch einen Rat mitgeben: Sie müssen sich von der stillschweigend unterstellten Arbeitshypothese verabschieden, dass dem deutschen Steuerrecht Gerechtigkeitserwägungen als maßgeblicher Richtschnur zugrunde liegen. Das ist leider nur sehr begrenzt der Fall, obwohl Politiker nahezu täglich entsprechende Behauptungen aufstellen oder unreflektiert einen solchen Umstand unterstellen, wenn sie das hohe Loblied auf die Wertegemeinschaft und den angeblich tadellos gut funktionierenden Rechtsstaat singen. Lassen Sie sich davon nicht blenden. Die Wahrheit ist: Das Steuerrecht ist weitgehend abgekoppelt von Gerechtigkeitsfragen und häufig das Ergebnis der Einflussnahme von lobbygesteuerten Politikern, die so ihre Mehrheiten bei den nächsten Wahlen sichern wollen. Das ist übrigens auch der Grund, warum das Steuerrecht künstlich kompliziert gehalten wird. In einem unübersichtlichen Dschungel lassen sich Steuergeschenke für die eigene Wählerschaft besser verstecken. Die Bedachten werden das Geschenk schon finden und sich bei den nächsten Wahlen bei der Stimmabgabe dafür bedanken. Die nicht bedachten Wähler sollen nach Möglichkeit nicht merken, dass sie übergangen wurden und keine Geschenke erhalten.

Bereits in der Einleitung hatte ich darauf hingewiesen, dass sich die Steuerbelastung mit einer GmbH bei einem Unternehmensgewinn in Höhe von € 100.000 nahezu halbieren lässt. Wie das genau funktioniert, werde ich in den nachfolgenden Kapiteln detailliert herleiten.

Um Sie nicht unnötig auf die Folter zu spannen, nehme das Ergebnis vorweg durch die Darstellung der beiden nachfolgenden Steuerbelastungsvergleiche für ein einzelkaufmännisches Unternehmen und eine inhabergeführte GmbH:

Einzelkaufmännisches Unternehmen
Standort: Durchschnittsgemeinde[15]

Gewinn des einzelkaufmännischen Unternehmens vor Steuern:	€ 100.000
./. 14 % Gewerbesteuer (GewSt) nach Abzug des Freibetrages von € 24.500	€ 10.570
Zwischensumme:	€ 89.430
Zu versteuerndes Einkommen nach Abzug von € 8.000 Sonderausgaben:	€ 92.000
Einkommensteuer (ledig und kinderlos) nach Grundtarif:	€ 30.018
./. anrechenbare Gewerbesteuer gemäß § 35 EStG (= 3,8 x Gewerbesteuermessbetrag und maximal tatsächliche Gewerbesteuerbelastung):	€ 10.042
verbleibende Einkommensteuer:	€ 19.977
+ Solidaritätszugschlag:	€ 1.099
Gewinn nach Steuern:	€ 68.354
=> Gesamtsteuerbelastung (= 31,65 %)	€ 31.646

---

[15] Der von den Städten und Gemeinden festgesetzte Gewerbesteuerhebesatz beträgt im Durchschnitt 400% (=> Gewerbesteuerbelastung in Höhe von 14%). Ich verweise dazu auf die folgende Internetseite: https://goo.gl/kDkrop

GmbH & Still **mit** Geschäftsführervergütung und **ohne** Gewinnausschüttung
Standort: Durchschnittsgemeinde[16]

Gewinn der GmbH & Still:	€ 100.000
./. Geschäftsführervergütung	€ 50.000
Gewinn der GmbH & Still vor Steuern:	€ 50.000
./. 15,825% Körperschaftsteuer (KSt)	€ 7.912
./. 14% Gewerbesteuer (GewSt) unter Berücksichtigung des Freibetrages von € 24.500	€ 3.570
Gewinn nach Steuern auf Ebene der GmbH & Still:	**€ 38.518**
Einkommensteuern auf Geschäftsführervergütung von:	**€ 50.000**
./. Arbeitnehmerpauschbetrag	€ 1.000
./. Sonderausgaben	€ 8.000
Differenz (= zu versteuerndes Einkommen):	€ 41.000
Einkommensteuer (ledig und kinderlos) nach Grundtarif:	€ 9.026
+ Solidaritätszuschlag:	€ 496
Geschäftsführervergütung nach Steuern:	**€ 40.478**

---

[16] Der von den Städten und Gemeinden festgesetzte Gewerbesteuerhebesatz beträgt im Durchschnitt 400% (=> Gewerbesteuerbelastung in Höhe von 14%). Ich verweise dazu auf die folgende Internetseite: https://goo.gl/kDkrop

=> Gesamtsteuerbelastung (= 21,00 %)   € 21.004

Wie Sie an diesen beiden Darstellungen sehen können, kann man die Steuerbelastung mit einer GmbH tatsächlich erheblich reduzieren. Die Differenz beträgt ca. 11%. Dabei ist eine weitere Steuersparmöglichkeit der GmbH bei der Altersvorsorge (Pensionszusage der GmbH an den Geschäftsführer) noch gar nicht berücksichtigt, so dass sich die Steuerersparnis der GmbH gegenüber dem einzelkaufmännischen Unternehmen sogar noch weiter erhöhen lässt auf ca. 15%.[17]

Die Herleitung dieses Ergebnisses ist leider nicht so einfach. Das ist dem Umstand geschuldet, dass das deutsche Steuerrecht künstlich kompliziert gemacht worden ist. Ich kann Ihnen jedoch versprechen, dass die in den nachfolgenden Kapiteln dargestellte Herleitung so verständlich wie möglich ist. Es handelt sich bei diesen Themen jedoch nicht um eine einfache Strandlektüre. Daher sollten Sie für die Durcharbeitung hinreichend Zeit und Ruhe haben. Denn die Lektüre erfordert Konzentration. Für die Herleitung der Vorteilhaftigkeit der GmbH unter dem Aspekt der Steuerbelastung werde ich Ihnen aus didaktischen Gründen zunächst die Steuerbelastung eines ganz normalen einzelkaufmännischen Unternehmens und einer Personengesellschaft erklären.

---

[17] Wegen der Details zur Pensionszusage verweise ich auf detaillierten Ausführungen in Kapitel D. II. 5.

I. Besteuerung des einzelkaufmännischen Unternehmens

Beginnen wir zunächst mit der Besteuerung des einzelkaufmännischen Unternehmens. Das ist ausweislich der nachfolgenden Grafik mit 25 % die zweithäufigste Rechtsform bei einer Existenzgründung in Deutschland.

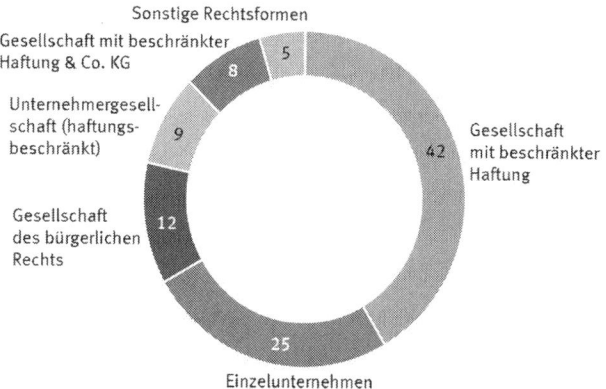

Abbildung 2: Bundesamt für Statistik, Statistischen Jahrbuch 2017, S. 524

Noch einmal zur Erinnerung: Die Buchhaltung des einzelkaufmännischen Gewerbes zur Ermittlung des steuerpflichtigen Gewinns kann in Form einer sogenannten Einnahmenüberschussrechnung schlank gehalten werden. Erst wenn der jährliche Gewinn die Grenze von € 60.000 **oder** der jährliche Umsatz die Grenze von € 600.000 überschreitet, ist der Gewerbetreibende zur vollausgewachsenen Buchführung (Jahresabschluss mit Bilanz und Gewinn- und Verlustrechnung) und zur Ermittlung des Gewinns durch bilanziellen Betriebsvermögensvergleich verpflichtet.

Auf die erwirtschafteten Gewinne sind Einkommensteuern und Gewerbesteuern zu zahlen, und zwar unabhängig davon, ob die Gewinne aus dem Betriebsvermögen entnommen werden oder nicht.[18] Eine steuerbegünstige Thesaurierung von Gewinnen wie bei Kapitalgesellschaften[19] ist beim einzelkaufmännischen Gewerbe **nicht** möglich.

Das erwirtschaftete Betriebsergebnis ist in einer Anlage G (Einkünfte aus Gewerbebetrieb) zur Einkommensteuererklärung zu deklarieren und zu versteuern. Für die sich daraus ergebende Steuerlast spielt das sonstige Einkommen des einzelkaufmännischen Gewerbetreibenden eine entscheidende Rolle. Denn der Einkommensteuersatz ist in Deutschland progressiv, d.h. der Steuersatz steigt mit der Höhe des Einkommens bis auf einen Spitzensteuersatz an.

---

[18] Das ist in § 15 Einkommensteuergesetz (EStG) und in § 2 Gewerbesteuergesetz (GewStG) geregelt.
[19] Die Details dazu finden Sie im Kapitel D. II. 2. weiter unten dargestellt.

Für die Einkünfte aus einem einzelkaufmännischen Gewerbe gelten insoweit die gleichen Einkommensteuertabellen wie für Arbeitnehmer. Ab einem zu versteuernden Einkommen von € 54.950 zahlen Sie satte 42% (= erste Stufe des Spitzensteuersatzes) Einkommensteuer.[20] Hinzu kommt noch der Solidaritätszuschlag in Höhe von 5,5% auf die Steuerlast womit Sie bereits bei 44,31% Grenzsteuersatz liegen. Ggf. kommt noch Kirchensteuer hinzu. Noch unerfreulicher wird es bei Einkommen ab € 260.533 für Ledige und entsprechend dem doppelten Betrag für Ehepartner oder Lebenspartner. Dann steigt der Einkommensteuersatz auf 45% (= zweite Stufe des Spitzensteuersatzes) zzgl. Solidaritätszuschlag an. Das sind Zahlen, die schlechte Laune machen. In der nachfolgenden Grafik können Sie das Ansteigen des Einkommensteuersatzes bis auf diese unerfreulichen Werte ablesen.

---

[20] Für die Beträge bis € 54.950 (Stand: 2018) ergibt sich eine niedrigere Steuerlast. Das ergibt sich aus dem Grundfreibetrag und einem niedrigeren Eingangssteuersatz. Die Belastung steigt linear progressiv an bis auf 42% (= erste Stufe des Spitzensteuersatzes). Bei Verheirateten oder Lebenspartnern greift die erste Stufe des Spitzensteuersatzes aufgrund des Splittingtarifes erst ab dem doppelten Betrag des zu versteuernden Einkommens (= € 109.900).

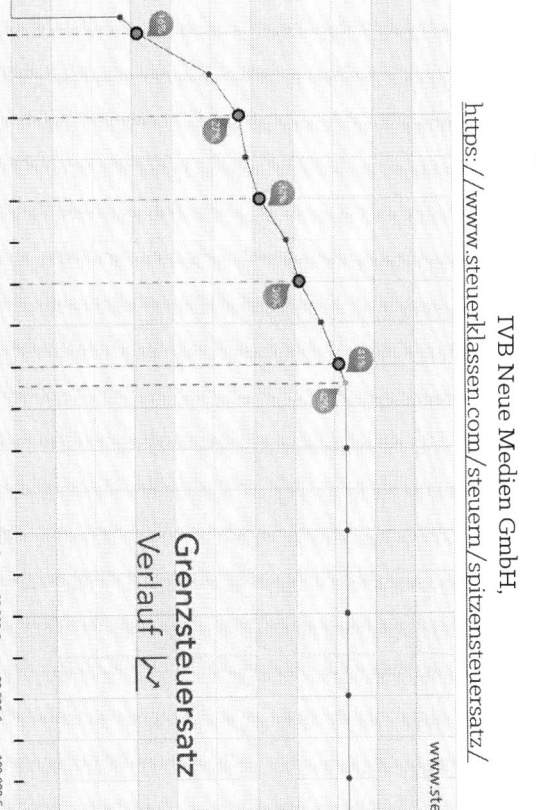

Abbildung 3: Grenzsteuersatz bei der Einkommensteuer (Stand 2018)

IVB Neue Medien GmbH,
https://www.steuerklassen.com/steuern/spitzensteuersatz/

Wenn der (ledige) einzelkaufmännische Gewerbetreibende z.B. neben seiner gewerblichen Tätigkeit steuerpflichtige Einkünfte aus Vermietung und Verpachtung in Höhe von € 55.000 (nach Abzug von Werbungskosten) pro Jahr erzielt, dann würden die Gewinne aus seiner einzelkaufmännisch betriebenen Tätigkeit aufgrund der Steuerprogression ab dem ersten Euro mit schmerzhaften 42% Einkommensteuer zzgl. Solidaritätszuschlag (= 44,31%) besteuert.

Für das einzelkaufmännische Gewerbe ist neben der Einkommensteuererklärung (Anlage G) eine Gewerbesteuererklärung abzugeben. Der Einzelkaufmann kann bei der Gewerbesteuer einen Freibetrag in Höhe von € 24.500 pro Jahr in Anspruch nehmen.[21] Auf den nach Abzug des Freibetrages verbleibenden Gewinn ist dann ein fixer Prozentsatz zu zahlen, der von der Gemeinde festgelegt wird, in der das Unternehmen liegt. Der Gewerbesteuersatz ist (anders als der Einkommensteuersatz) **nicht** progressiv, d.h. er steigt nicht an bei höheren Gewinnen.

Da die gezahlte Gewerbesteuer auf die Einkommensteuer angerechnet wird, fällt diese bei der gesamten Steuerbelastung der Unternehmung nicht ins Gewicht, wenn der Gewerbesteuerhebesatz der Gemeinde nicht

---

[21] Das ist in § 11 Gewerbesteuergesetz (GewStG) geregelt.

höher als 380% ist.[22] Denn die Anrechnung auf die Einkommensteuer ist gedeckelt auf diesen Hebesatz.

Wenn der Unternehmer in einer Gemeinde mit einem höheren Gewerbesteuerhebesatz als 380% ansässig ist, dann erhöht sich aufgrund der Deckelung der Anrechnung der Gewerbesteuer auf die Einkommensteuer entsprechend die Gesamtsteuerlast. Dieses komplizierte Hin- und Her-Rechnen ist nicht wirklich sinnvoll und verkompliziert das System nur unnötig. Aber der Gesetzgeber hat es so gewollt. Aus politischen und wahltaktischen Gründen, wie ich Ihnen oben erklärt habe.

Aus der Summe von Einkommensteuer und nicht anrechenbarer Gewerbesteuer ergibt sich die Steuerbelastung des einzelkaufmännischen Unternehmers. Mit dieser Erklärung können Sie nun die oben zu Anfang des Kapitels dargestellte Steuerbelastungsrechnung für den einzelkaufmännischen Unternehmer nachvollziehen.

---

[22] Das ist in § 35 EStG geregelt. Die Anrechnung von Gewerbesteuer ist auf das 3,8 – fache des anteiligen Gewerbesteuermessbetrages begrenzt. Daher kommt es bei der Einkommensteuer dann nicht zu einer vollständigen Entlastung von der Gewerbesteuer, wenn der Gewerbesteuerhebesatz der Gemeinde höher als 380% ist.

II. Besteuerung von Personengesellschaften & Kapitalgesellschaften

Kommen wir nun zur Besteuerung der GmbH als Kapitalgesellschaft. Zwischen Personengesellschaften und Kapitalgesellschaften bestehen sehr wesentliche Unterschiede, die eine große Rolle bei der Besteuerung spielen und für die Entwicklung einer Strategie zur Senkung der Steuerlast berücksichtigt werden müssen. Die Besteuerung der GmbH als häufigste Form der Kapitalgesellschaft kann man am besten erklären, indem man die Unterschiede zur Besteuerung des einzelkaufmännisch geführten Unternehmens bzw. der Personengesellschaft darstellt.

1. Personengesellschaften

Bei der Personengesellschaft ist Gegenstand der Besteuerung der auf den einzelnen Gesellschafter heruntergebrochene Anteil am Gewinn und Verlust der Gesellschaft. Eine Belastung mit Einkommensteuer findet **auf Ebene der Gesellschaft nicht** statt. Die Personengesellschaft ist vielmehr einkommensteuerlich transparent, d.h. das Finanzamt schaut durch die Gesellschaftsebene hindurch und greift direkt auf die Gesellschafter zu. Die Personengesellschaft als solche ist nur insoweit Einkommensteuersubjekt, als für diese eine einheitliche und gesonderte Gewinn- und Verlustfeststellung beim Finanzamt beantragt wird, um die Gewinne der Gesellschaft auf die einzelnen Gesellschafter zu verteilen.

Die auf dieser Grundlage festgestellten Anteile am Betriebsgewinn sind dann von den Gesellschaftern in einer Anlage G (Einkünfte aus Gewerbebetrieb) zu ihrer Einkommensteuererklärung zu deklarieren und zu versteuern. Für die sich daraus ergebende Steuerlast bei den einzelnen Gesellschaftern spielt deren sonstiges Einkommen eine entscheidende Rolle. Denn der Einkommensteuersatz ist in Deutschland progressiv, d.h. der Steuersatz steigt mit der Höhe des Einkommens an bis auf einen Spitzensteuersatz. Es gelten insoweit die oben unter I. dargestellten Grundsätze für die Besteuerung eines einzelkaufmännischen Gewerbes 1:1 auch für den Gesellschafter einer Personengesellschaft.

Eine Besteuerung **auf Ebene der Personengesellschaft** findet nur im Hinblick auf die Gewerbesteuer statt, die von der Kommune erhoben wird. Für die Personengesellschaft kommt dabei ein Freibetrag in Höhe von € 24.500 gemäß § 11 GewStG zur Anwendung. Da die gezahlte Gewerbesteuer jedoch anteilig auf die Einkommensteuer des Gesellschafters angerechnet wird, fällt diese bei der gesamten Steuerbelastung auf Ebene des Gesellschafters dann nicht ins Gewicht, wenn der Gewerbesteuerhebesatz der Gemeinde maximal 380% beträgt.[23] Bei höheren Gewerbesteuerhebesätzen als 380% bleibt insgesamt eine Belastung in Höhe des überschießenden Betrages. Es gibt insoweit keine Unterschiede im Vergleich zum einzelkaufmännischen Gewerbe.

2. Kapitalgesellschaften

Bei einer GmbH als Kapitalgesellschaft läuft das ganz anders: Es gibt zwei Besteuerungsebenen. Zunächst einmal wird das Betriebsergebnis einer Kapitalgesellschaft auf Ebene der Gesellschaft besteuert.

a) Gesellschaftsebene

Die Geschäftsführer der GmbH geben für diese eine Körperschaftsteuererklärung[24] und eine Gewerbesteuererklärung[25] ab. Aus der Summe der Körperschaftsteuer und der Gewerbesteuer ergibt sich die Steuerbelastung auf Ebene der Kapitalgesellschaft.

Der Körperschaftsteuersatz ist (anders als der Einkommensteuersatz) **nicht** progressiv, sondern fällt einheitlich auf den gesamten Gewinn in Höhe von 15% (zzgl.

---

[23] Das ist in § 35 EStG geregelt. Die Anrechnung von Gewerbesteuer ist auf das 3,8 – fache des anteiligen Gewerbesteuermessbetrages begrenzt. Daher kommt es bei der Einkommensteuer dann nicht zu einer vollständigen Entlastung von der Gewerbesteuer, wenn der Gewerbesteuerhebesatz der Gemeinde höher als 380% ist.

[24] Das ist in § 1 Körperschaftsteuergesetz (KStG) geregelt.

[25] Das ist in § 2 Gewerbesteuergesetz (GewStG) geregelt.

Solidaritätszuschlag) an.[26] In der Summe ergibt sich damit ein Satz von 15,825% (= 15% x 1,055).

Die Höhe der Gewerbesteuer richtet nach dem von den Städten und Gemeinden festgelegten Gewerbesteuerhebesatz.[27] Dabei ergibt sich eine gewisse Streubreite der Hebesätze. In manchen Gemeinden werden sehr niedrige Hebesätze festgelegt und in manchen Gemeinden sehr hohe Hebesätze. Als Beispiele möchte ich die Städte Castrop-Rauxel und Monheim am Rhein in Nordrhein-Westfalen herausgreifen. In Castrop-Rauxel beträgt der Hebesatz 500% und in Monheim 250%. Daraus ergibt sich ein Gewerbesteuersatz für den Standort Castrop-Rauxel in Höhe von 17,5% (= 3,5% x 500%) und für den Standort Monheim in Höhe von 8,75% (= 3,5% x 250%).

Für den Standort Castrop-Rauxel ergibt sich damit **auf Ebene der GmbH** eine Gesamtsteuerbelastung in Höhe von 33,325 % (= 15,825% Körperschaftsteuer + 17,5% Gewerbesteuer) und für den Standort Monheim in Höhe von 24,575 % (= 15,825% Körperschaftsteuer + 8,75% Gewerbesteuer).

Die GmbH hat gegenüber der Personengesellschaft im Hinblick auf die Gewerbesteuer zwei Nachteile: Sie kann den Freibetrag in Höhe von € 24.500 gemäß § 11 GewStG **nicht** in Anspruch nehmen. Dieser steht nur

---

[26] Das ist in § 23 Abs.1 KStG geregelt.

[27] Das ist in §§ 7, 16 GewStG in Verbindung mit § 8 Abs. 1 KStG geregelt.

Einzelkaufleuten und Personengesellschaften zu. Das führt (je nach Höhe des einschlägigen Hebesatzes) zu einer Mehrbelastung mit Gewerbesteuer. In Castrop-Rauxel (Hebesatz = 500%) würde es zu einer Mehrbelastung in Höhe von € 4.287,50 (= € 24.500 x 17,5%) und in Monheim (Hebesatz = 250%) zu € 2.143,75 (= € 24.500 x 8,75%) führen.

Der zweite Nachteil der GmbH ist, dass die gezahlte Gewerbesteuer **nicht** auf die Einkommensteuer der Gesellschafter angerechnet wird. Sie stellt eine Definitivbelastung dar. Daher ist die Standortwahl im Hinblick auf den von der Gemeinde festgelegten Gewerbesteuerhebesatz für Kapitalgesellschaften wichtiger als für Personengesellschaften. Denn er beeinflusst mangels Anrechenbarkeit der Gewerbesteuer maßgeblich die Höhe der Steuerbelastung einer Kapitalgesellschaft. Die Gewerbesteuer muss daher bei einer Strategie zur Senkung der Steuerbelastung bei einer GmbH auf jeden Fall in den Blick genommen werden. Ich werde Ihnen das weiter unten mit konkreten Beispielen und Zahlen vorrechnen.

b) Gesellschafterebene

Auf **Ebene der Gesellschafter der GmbH** werden die Anteile am Betriebsergebnis erst und nur dann besteuert, wenn diese von der GmbH an die Gesellschafter ausgeschüttet werden. Zu einer Ausschüttung kommt es nur, wenn ein entsprechender Gewinnverwendungsbeschluss in der Gesellschafterversammlung gefasst wird. Werden die Gewinne hingegen nicht ausgeschüttet, sondern thesauriert und in die Gewinnrücklagen der GmbH eingestellt, so fallen **auf Ebene der Gesellschafter** zunächst keine Steuern darauf an.

Ein Nachteil der Rechtsform der GmbH ist, dass Verluste der Gesellschaft **nicht** mit sonstigen Einkünften der Gesellschafter verrechnet werden können (kein sogenannter „vertikaler Verlustausgleich"), um die Einkommensteuerbelastung der Gesellschafter zu senken. Anfangsverluste können lediglich auf Ebene der GmbH festgestellt und mit künftigen Erträgen der GmbH verrechnet werden.[28] Das stellt bei Geschäftsmodellen mit hohen Anfangsverlusten einen Nachteil der GmbH gegenüber einem einzelkaufmännischen Gewerbe oder einer Personengesellschaft dar.

Abschließend müssen wir noch einen Blick auf die Steuerbelastung der Gesellschafter werfen, wenn Gewinne der GmbH an diese ausgeschüttet werden. Gewinnausschüttungen an die Gesellschafter führen bei diesen zu Einkünften aus Kapitalvermögen, die in der Einkommensteuererklärung (Anlage KAP) zu deklarieren sind.[29] Die Einkommensteuer fällt dabei pauschal in Höhe des Abgeltungssteuersatzes von 25% zzgl. Solidaritäts-

---

[28] Das ist in § 10d EStG in Verbindung mit § 8 Abs. 1 KStG geregelt.

[29] Das ist in den §§ 20, Abs. 1 Nr. 1, 32d Abs. 1 EStG geregelt.

zuschlag an (= 26,375% = 25% x 1,055).[30] Das ist eine Besonderheit, weil es eine Abweichung von dem Grundsatz darstellt, dass der Einkommensteuersatz progressiv ausgestaltet ist. Die Abgeltungssteuer war bei ihrer Einführung mit Wirkung zum 01.01.2009 hochumstritten und ist es bis heute.

c) Gesamtsteuerbelastung (Gesellschaftsebene & Gesellschafterebene)

Die Summe aus der Steuerbelastung auf Ebene der GmbH **und** auf Ebene der Gesellschafter ergibt dann die Gesamtsteuerbelastung der mit einer GmbH erzielten Gewinne.

Wie oben erwähnt, spielt die Höhe der Gewerbesteuer bei der GmbH für die Gesamtsteuerbelastung eine wichtige Rolle. Daher werde ich in den nachfolgenden Steuerbelastungsvergleichen mit konkreten Zahlen Annahmen zur Höhe der Gewerbesteuer treffen. Die Annahmen beruhen auf realen Werten an realen Standor-

---

[30] Auf Antrag des Steuerpflichtigen werden die Gewinnausschüttungen gemäß § 32d Abs. 2 Nr. 3 EStG nach dem Teileinkünfteverfahren versteuert. Das bedeutet, dass nur 60% der Ausschüttung besteuert werden. Diese Steuer fällt dann allerdings in Höhe des persönlichen Einkommensteuersatzes und nicht des Abgeltungssteuersatzes an. Der Antrag setzt voraus, dass der Gesellschafter zu mindestens 10% an der GmbH beteiligt ist **oder** zu mindestens 1%, wenn er zugleich das Amt eines Geschäftsführers bekleidet. Es ist eine Frage des Einzelfalles, ob die Beantragung des Teileinkünfte-verfahrens günstiger ist als die Abgeltungssteuer.

ten bzw. auf Durchschnittswerten. Betrachten wir im Folgenden exemplarisch die Gesamtsteuerbelastung für eine GmbH mit Sitz in Castrop-Rauxel und eine GmbH mit Sitz in Monheim am Rhein:

Standort: Castrop-Rauxel

Gewinn der GmbH vor Steuern:	€ 100.000
./. 15,825 % Körperschaftsteuer (KSt)	€ 15.825
./. 17,5 % Gewerbesteuer (GewSt)	€ 17.500
Gewinn nach Steuern auf Ebene der GmbH:	€ 66.675
Steuern auf Ebene der Gesellschafter auf eine Gewinnausschüttung in Höhe von:	€ 66.675
./. Sparerfreibetrag für Einkünfte aus Kapitalvermögen gemäß § 20 Abs. 9 EStG:	€ 801
Zwischensumme (= zu versteuerndes Einkommen) beim Gesellschafter:	€ 65.874
./. 26,375 % Abgeltungssteuer:	€ 17.374
Gewinn nach Steuern auf Ebene Gesellschafter:	€ 49.301
=> Gesamtsteuerbelastung (= 50,70 %)	€ 50.699

Standort: Monheim am Rhein

Gewinn der GmbH vor Steuern:	€ 100.000
./. 15,825 % Körperschaftsteuer (KSt)	€ 15.825
./. 8,75 % Gewerbesteuer (GewSt)	€ 8.750
Gewinn nach Steuern auf Ebene der GmbH:	€ 75.425
Steuern auf Ebene der Gesellschafter auf eine Gewinnausschüttung in Höhe von:	€ 75.425
./. Sparerfreibetrag für Einkünfte aus Kapitalvermögen gemäß § 20 Abs. 9 EStG:	€ 801
Zwischensumme (= zu versteuerndes Einkommen) beim Gesellschafter:	€ 74.624
./. 26,375 % Abgeltungssteuer:	€ 19.682
Gewinn nach Steuern auf Ebene Gesellschafter:	**€ 55.743**
=> Gesamtsteuerbelastung (= 44,26 %)	€ 44.257

An diesen beiden Bespielen können Sie sehr schön ablesen, dass die Standortwahl mit dem einschlägigen Gewerbesteuerhebesatz für die Steuerbelastung einer GmbH eine erhebliche Bedeutung hat. Darüber hinaus können Sie sehen, dass die gesamte Steuerbelastung auf ausgeschüttete Gewinne einer GmbH schmerzhaft hoch ist. Für den Standort Castrop-Rauxel mit einem Gewerbesteuerhebesatz von 500% ergibt sich eine Gesamtbelastung von unerträglichen 50,70%. Für Monheim mit einem Gebewerbesteuerhebesatz von 250% ergeben sich immer noch unerfreuliche 44,26 %.

d) Steuerbelastungsvergleich Kapitalgesellschaft versus Personengesellschaft

Es hat also zunächst den Anschein, dass die GmbH nicht wirklich ein Steuersparmodell ist. Da wir uns aber nicht mit Vermutungen zufrieden geben wollen, berechnen wir im Vergleich dazu die Steuerbelastung für ein einzelkaufmännisches Gewerbe bzw. eine Personengesellschaft und stellen dann weitere Überlegungen zur Senkungen der Steuerbelastung bei der GmbH an.

Wie oben ausgeführt, ergibt sich die Steuer bei Personengesellschaften und einzelkaufmännischen Gewerben nach den gleichen Vorschriften. Der Einfachheit halber nehmen wir bei der folgenden Berechnung ein einzelkaufmännisches Gewerbe an. Auch hier rechnen wir wieder für die beiden Standorte Castrop-Rauxel und Monheim am Rhein und schauen uns dann die Ergebnisse an.

Standort: Castrop-Rauxel

Gewinn des einzelkaufmännischen Gewerbes vor Steuern:	€ 100.000
./. 17,5 % Gewerbesteuer (GewSt) nach Abzug des Freibetrages von € 24.500	€ 13.212
Zwischensumme:	€ 86.788
Zu versteuerndes Einkommen nach Abzug von € 8.000 Sonderausgaben:	€ 92.000
Einkommensteuer (ledig und kinderlos) nach Grundtarif:	€ 30.018
./. anrechenbare Gewerbesteuer gemäß § 35 EStG (= 3,8 x Gewerbesteuermessbetrag):	€ 10.042
verbleibende Einkommensteuer:	€ 19.976
+ Solidaritätszuschlag:	€ 1.099
Gewinn nach Steuern:	€ 65.712
=> Gesamtsteuerbelastung (= 34,29 %)	€ 34.288

Nachfolgend die Berechnung für den Standort Monheim:

Standort: Monheim

Gewinn des einzelkaufmännischen Gewerbes vor Steuern:	€ 100.000
./. 8,75 % Gewerbesteuer (GewSt) nach Abzug des Freibetrages von € 24.500	€ 6.606
Zwischensumme:	€ 93.394
Zu versteuerndes Einkommen nach Abzug von € 8.000 Sonderausgaben:	€ 92.000
Einkommensteuer (ledig und kinderlos) nach Grundtarif:	€ 30.018
./. anrechenbare Gewerbesteuer gemäß § 35 EStG (= 3,8 x Gewerbesteuermessbetrag und maximal tatsächliche Gewerbesteuerbelastung):	€ 6.606
verbleibende Einkommensteuer:	€ 23.412
+ Solidaritätszuschlag:	€ 1.288
Gewinn nach Steuern:	**€ 68.694**
=> Gesamtsteuerbelastung (= 31,31 %)	€ 31.306

Wir können als Zwischenergebnis zwei Erkenntnisse festhalten: Die Rechtsform des einzelkaufmännischen Gewerbes bzw. einer Personengesellschaft führt bei den getroffenen Annahmen im Vergleich zu einer GmbH zu einer niedrigeren Steuerbelastung. Darüber hinaus wird ersichtlich, dass eine nur halb so hohe Gewerbesteuerbelastung des Standortes Monheim im Vergleich zum Standort Castrop-Rauxel sich bei der Gesamtsteuerbelastung des einzelkaufmännischen Gewerbes weniger stark auswirkt als bei der GmbH. Das hängt mit der Anrechenbarkeit der Gewerbesteuer auf die Einkommensteuer zusammen. Allerdings ist bei diesen Berechnungen ein Vorteil der GmbH noch nicht berücksichtigt, der sich aus Steuerersparnissen bei der Zahlung einer Geschäftsführervergütung ergibt. Denn bei der GmbH besteht die Möglichkeit, einen oder mehrere der Gesellschafter als Geschäftsführer anzustellen und diesen eine Vergütung zu zahlen, die sich auf Ebene der GmbH steuerwirksam als Kostenblock abziehen lässt und auf Ebene der Gesellschafter zu einkommensteuerpflichtigen Geldzuflüssen führt. Die gezahlte Geschäftsführervergütung reduziert wird auf Ebene der GmbH den steuerpflichtigen Gewinn und bleibt damit gänzlich unbelastet von Körperschaftsteuer und Gewerbesteuer.

Auf Ebene des Gesellschafters kann sich aufgrund einer niedrigen Progressionsstufe bei der Einkommensteuer eine deutlich geringere Steuerbelastung auf den Betrag der Geschäftsführervergütung ergeben als bei Verzicht auf die Zahlung auf Ebene der GmbH anfallen würde. Daraus kann sich im Ergebnis eine Entlastung bei der Gesamtsteuerlast ergeben. Unter dem Strich ist dieses Modell bei der GmbH daher in aller Regel günstiger als der Verzicht auf eine Geschäftsführervergütung und die Ausschüttung eines Gewinns an die Gesellschafter. Nachfolgend werde ich Ihnen die Steuerbelastung bei einer GmbH mit dieser Abwandlung vorrechnen. Dabei werde ich für den Gewerbesteuerhebesatz 400% annehmen, was dem Durchschnitt in Deutschland entspricht:[31]

Standort: Durchschnittsgemeinde (GmbH ohne Geschäftsführervergütung)

Gewinn der GmbH vor Steuern:	€ 100.000
./. 15,825 % Körperschaftsteuer (KSt)	€ 15.825
./. 14% Gewerbesteuer (GewSt)	€ 14.000
Gewinn nach Steuern auf Ebene der GmbH:	€ 70.175
Steuern auf Ebene der Gesellschafter auf eine Gewinnausschüttung in Höhe von:	€ 70.175
./. Sparerfreibetrag für Einkünfte aus Kapitalvermögen gemäß § 20 Abs. 9 EStG:	€ 801
Zwischensumme (= zu versteuerndes Einkommen) beim Gesellschafter:	€ 69.374
./. 26,375 % Abgeltungssteuer:	€ 18.297
Gewinn nach Steuern auf Ebene Gesellschafter:	€ 51.878
=> Gesamtsteuerbelastung (= 48,12 %)	€ 48.122

Nun zum Vergleich die Alternative mit einer Geschäftsführervergütung in Höhe von € 50.000 durchgerechnet:

---

[31] Ich verweise dazu auf die folgende Internetseite: https://goo.gl/kDkrop

Standort: Durchschnittsgemeinde (GmbH mit Geschäftsführervergütung)

Gewinn der GmbH vor Steuern:	€ 100.000
./. Geschäftsführervergütung	€ 50.000
Zu versteuernder Gewinn der GmbH:	€ 50.000
./. 15,825% Körperschaftsteuer (KSt)	€ 7.912
./. 14% Gewerbesteuer (GewSt)	€ 7.000
Gewinn nach Steuern auf Ebene der GmbH:	€ 35.087
Steuern auf Ebene der Gesellschafter auf eine Gewinnausschüttung in Höhe von:	€ 35.087
./. Sparerfreibetrag für Einkünfte aus Kapitalvermögen gemäß § 20 Abs. 9 EStG:	€ 801
Zwischensumme (= Einkünfte aus Kapitalvermögen) beim Gesellschafter:	€ 34.286
./. 26,375% Abgeltungssteuer:	€ 9.043
Gewinnausschüttung nach Steuern auf Ebene Gesellschafter:	€ 25.243
Einkommensteuern auf Geschäftsführervergütung von:	€ 50.000
./. Arbeitnehmerpauschbetrag	€ 1.000
./. Sonderausgaben	€ 8.000
Differenz (= zu versteuerndes Einkommen):	€ 41.000

Einkommensteuer (ledig und kinderlos) nach Grundtarif:	€ 9.026
+ Solidaritätszugschlag:	€ 496
Einkommen nach Steuern aus der Geschäftsführervergütung:	€ 40.478
Gewinnausschüttung nach Steuern + Geschäftsführervergütung nach Steuern:	€ 65.721
=> Gesamtsteuerbelastung (= 34,28 %)	€ 34.279

Das sind schon mal deutlich erfreulichere Werte als ohne die Vereinbarung einer Geschäftsführervergütung. Die Gesamtsteuerbelastung ist durch die Geschäftsführervergütung massiv gesunken von 48,12% auf 34,28%. Damit ist die Steuerbelastung bei der GmbH weitgehend der Steuerbelastung eines einzelkaufmännischen Gewerbes angenähert. Die GmbH scheint also unter dem Strich auch mit der Vereinbarung einer Geschäftsführervergütung noch immer kein echtes Steuersparmodell zu sein.

Allerdings haben wir bei den bisherigen Überlegungen einen Fall noch nicht betrachtet, aus dem sich bei der GmbH eine weitere Reduzierung der Steuerbelastung ergibt: Der einzige noch nicht durchgerechnete Lösungsansatz zur Reduzierung der Gesamtsteuerbelastung ist die Thesaurierung der Gewinne auf Ebene der GmbH, um die hohe Einkommensteuerbelastung auf Gewinnausschüttungen auf Ebene der Gesellschafter zu vermeiden. Denn solange Gewinne von der GmbH nicht an die Gesellschafter ausgeschüttet werden, sind diese bei den Gesellschaftern nicht zu besteuern.

Das ist der signifikante Vorteil der GmbH gegenüber der Personengesellschaft bzw. gegenüber dem einzelkaufmännischen Gewerbe, dass die Gewinne eben nicht jährlich vollständig der Einkommensteuer unterworfen werden müssen. Wie oben dargestellt und ausgeführt, ist es bei der Personengesellschaft bzw. beim einzelkaufmännisch geführten Gewerbe nicht möglich, eine Belastung mit Einkommensteuer durch Verzicht auf die Entnahme aus dem Betriebsvermögen zu vermeiden. Das funktioniert aber bei der GmbH sehr wohl. Rechnen wir also das Beispiel noch einmal ohne eine Ausschüttung des Gewinns der GmbH an die Gesellschafter durch:

Standort: Durchschnittsgemeinde (GmbH **mit** Geschäftsführervergütung und **ohne** Gewinnausschüttung)

Gewinn der GmbH vor Steuern:	€ 100.000
./. Geschäftsführervergütung	€ 50.000
Zu versteuernder Gewinn der GmbH:	€ 50.000
./. 15,825% Körperschaftsteuer (KSt)	€ 7.912
./. 14% Gewerbesteuer (GewSt)	€ 7.000
Gewinn nach Steuern auf Ebene der GmbH:	€ 35.087
Einkommensteuern auf Geschäftsführer-	€ 50.000

vergütung von:	
./. Arbeitnehmerpauschbetrag	€ 1.000
./. Sonderausgaben	€ 8.000
Differenz (= zu versteuerndes Einkommen):	€ 41.000
Einkommensteuer (ledig und kinderlos) nach Grundtarif:	€ 9.026
+ Solidaritätszugschlag:	€ 496
Einkommen nach Steuern aus der Geschäftsführervergütung:	**€ 40.478**
=> Gesamtsteuerbelastung (= 24,43 %)	€ 24.434

Wie Sie sehen, sinkt die Gesamtsteuerbelastung bei einer Thesaurierung der Gewinne auf Ebene der GmbH signifikant und liegt nun tatsächlich ca. 10% unterhalb der Belastung bei einer Personengesellschaft bzw. bei einem einzelkaufmännischen Gewerbe. Die Lösung zur Senkung der Steuerlast bei der GmbH besteht also darin, Gewinne nicht über eine Ausschüttung an die Gesellschafter zu entnehmen, sondern ausschließlich über Geschäftsführervergütungen. So wird die hohe Steuerbelastung auf Gewinnausschüttungen der GmbH an die Gesellschafter vermieden.

Wenn ein Geschäftsführer verheiratet oder verpartnert ist, dann können sich weitere Steuervorteile aus dem Splittingtarif bei der Einkommensteuer ergeben. Das ermöglicht, auch höhere Geschäftsführervergütungen mit einer sehr erträglichen Einkommensteuerbelastung aus der GmbH zu ziehen. Wenn wir bei dem obigen Beispiel annehmen, dass der Geschäftsführer verheiratet ist und weder er noch seine Frau weiteres steuerpflichtiges Einkommen hat, dann würde sich die Berechnung der Einkommensteuer wie folgt darstellen:

Standort: Durchschnittsgemeinde
(GmbH **mit** Geschäftsführervergütung und <u>ohne</u> Gewinnausschüttung)

Gewinn der GmbH vor Steuern:	€ 100.000
./. Geschäftsführervergütung	€ 50.000
Gewinn vor Steuern auf Ebene der GmbH:	€ 50.000
./. 15,825% Körperschaftsteuer (KSt)	€ 7.912
./. 14% Gewerbesteuer (GewSt)	€ 7.000
Gewinn nach Steuern auf Ebene der GmbH:	€ 35.087
Einkommensteuern auf Geschäftsführervergütung von:	€ 50.000
./. Arbeitnehmerpauschbetrag	€ 1.000
./. Sonderausgaben	€ 8.000
Differenz (= zu versteuerndes Einkommen):	€ 41.000
Einkommensteuer (verheiratet) nach Splittingtarif:	€ 5.200
+ Solidaritätszugschlag:	€ 286

Einkommen nach Steuern aus der Geschäftsführervergütung:	€ 44.514
=> Gesamtsteuerbelastung (= 20,40 %)	€ 20.398

Das sind Zahlen, die sich sehen lassen können. Geben Sie zu, dass Sie überrascht sind und nicht für möglich gehalten haben, auf einen so niedrigen Steuersatz zu kommen mit einem Gewinn von € 100.000.

Rechnen wir das ganze abschließend mit einer auf € 60.000 erhöhten Geschäftsführervergütung und schauen uns dann die Steuerbelastung an:

Standort: Durchschnittsgemeinde (GmbH <u>mit</u> Geschäftsführervergütung und <u>ohne</u> Gewinnausschüttung)

Gewinn der GmbH vor Steuern:	€ 100.000
./. Geschäftsführervergütung	€ 60.000
Zu versteuernder Gewinn der GmbH:	€ 40.000
./. 15,825% Körperschaftsteuer (KSt)	€ 6.330
./. 14% Gewerbesteuer (GewSt)	€ 5.600
Gewinn nach Steuern auf Ebene der GmbH:	€ 28.070
Einkommensteuern auf Geschäftsführervergütung von:	€ 60.000
./. Arbeitnehmerpauschbetrag	€ 1.000

./. Sonderausgaben	€ 8.000
Differenz (= zu versteuerndes Einkommen):	€ 51.000
Einkommensteuer (verheiratet) nach Splittingtarif:	€ 7.994
+ Solidaritätszuschlag:	€ 440
Einkommen nach Steuern aus der Geschäftsführervergütung:	**€ 51.566**
=> Gesamtsteuerbelastung (= 20,36 %)	€ 20.364

Wie Sie sehen, ist die Gesamtsteuerbelastung bei einer um € 10.000 höheren Geschäftsführervergütung sogar noch ein wenig gesunken von 20,40% auf 20,36%. Und selbst bei einer Erhöhung der Geschäftsführervergütung um € 20.000 auf € 70.000 steigt die Gesamtsteuerbelastung nur geringfügig an auf 20,56% wie die nachfolgende Berechnung ausweist:

Standort: Durchschnittsgemeinde
(GmbH <u>mit</u> Geschäftsführervergütung und <u>ohne</u> Gewinnausschüttung)

Gewinn der GmbH vor Steuern:	€ 100.000
./. Geschäftsführervergütung	€ 70.000
Zu versteuernder Gewinn der GmbH:	€ 30.000
./. 15,825% Körperschaftsteuer (KSt)	€ 4.748
./. 14% Gewerbesteuer (GewSt)	€ 4.200

Gewinn nach Steuern auf Ebene der GmbH:	€ 21.052
Einkommensteuern auf Geschäftsführervergütung von:	€ 70.000
./. Arbeitnehmerpauschbetrag	€ 1.000
./. Sonderausgaben	€ 8.000
Differenz (= zu versteuerndes Einkommen):	€ 61.000
Einkommensteuer (verheiratet) nach Splittingtarif:	€ 11.008
+ Solidaritätszugschlag:	€ 605
Einkommen nach Steuern aus der Geschäftsführervergütung:	€ 58.387
=> Gesamtsteuerbelastung (= 20,56 %)	€ 20.561

Die Konstruktion der GmbH mit dem Gesellschafter als Geschäftsführer erweist sich also durchaus als geeignet, um die Steuerbelastung auf unternehmerisch erzielte Gewinne zu senken. Das gilt sowohl für die Einmann-GmbH als auch bei mehreren Gesellschaftern und Geschäftsführern. Denn es spricht nichts dagegen, mehrere Geschäftsführer anzustellen.

Allerdings darf die Geschäftsführervergütung insgesamt nicht unangemessen hoch sein. Sonst besteht die Gefahr, dass das Finanzamt eine verdeckte Gewinnausschüttung annimmt mit der unangenehmen Konsequenz, dass die Geschäftsführervergütung auf Ebene der GmbH nicht gewinnmindernd angesetzt werden kann und beim Gesellschafter-Geschäftsführer wie eine normale Gewinnausschüttung besteuert wird. Es kann daher nicht schaden, sich bei der Festlegung auch an Vergleichswerten von Fremdgeschäftsführern bei Unternehmen aus der gleichen Branche zu orientieren. Darüber hinaus sollte die Geschäftsführervergütung in einem angemessenen Verhältnis zum Gewinn der GmbH stehen. Aber auch bei der Frage der Angemessenheit der Vergütung gibt es einen erheblichen Beurteilungsspielraum der Gesellschafter und Geschäftsführer, die ihr Gehalt selbst mittels Gesellschafterbeschluss und Regelungen im Anstellungsvertrag mit dem Geschäftsführer einstellen. Wenn Sie es hier nicht übertreiben, wird das Finanzamt die Festlegung in aller Regel akzeptieren.

3. Geschäftsführervergütung bei der GmbH

Im vorhergehenden Abschnitt haben wir mit der Geschäftsführervergütung gerechnet und festgestellt, dass diese ein sehr nützliches Steuerungsinstrument zur Begrenzung der Gesamtsteuerbelastung bei der inhabergeführten GmbH darstellt.

a) Sozialversicherungsbeiträge

Die Geschäftsführervergütung hat aber noch einen weiteren Vorteil im Vergleich zu dem Gehalt eines normalen Angestellten: Sie unterliegt **keinen** Sozialversicherungsbeiträgen, wenn der Geschäftsführer zugleich

Gesellschafter mit einer Beteiligung von mindestens 50 % und damit sogenannter beherrschender Geschäftsführer ist.[32] Dann ist er nämlich **nicht** sozialversicherungspflichtig, weil er als selbständig gilt. Damit fällt ein großer Kostenblock (Rentenversicherung, Arbeitslosenversicherung, gesetzliche Unfallversicherung) weg.

Lediglich die Kranken- und Pflegeversicherungspflicht verbleibt. Denn seit dem 01.01.2009 sind auch Selbständige in Deutschland verpflichtet, eine Kranken- und Pflegeversicherung abzuschließen. Dabei ist der Geschäftsführer frei, ob er sich privat oder gesetzlich versichert. Für ihn gelten die Jahresarbeitsentgeltgrenzen **nicht**, die für sozialversicherungspflichtige Angestellte gelten.[33] Er kann sich daher auch dann privat versichern, wenn die Geschäftsführervergütung unter dieser Grenze liegt.

Bei der Lohnsteuer hingegen wird auch der beherrschende Gesellschafter-Geschäftsführer als Arbeitnehmer eingestuft. Insoweit laufen Sozialversicherungsrecht und Steuerrecht auseinander. Die GmbH muss daher für

---

[32] Auch bei einer Beteiligung von weniger als 50 % kann ein Gesellschafter-Geschäftsführer beherrschend sein. Das ist z.B. der Fall, wenn er gleichgerichtete Interessen mit einem anderen Gesellschafter hat (z.B. Ehepartner oder Lebenspartner) und mit diesem zusammen über mehr als 50 % der Anteile und entsprechendes Stimmengewicht in der Gesellschafterversammlung verfügt.

[33] Diese Grenze liegt in 2018 bei einem Bruttoverdienst in Höhe von € 59.400.

das Geschäftsführergehalt einen Lohnsteuerabzug einbehalten und direkt an das Finanzamt abführen. Insoweit läuft es genau wie bei einem Arbeitnehmer.

Insbesondere die Freiheit von der Versicherungspflicht in der gesetzlichen Rentenversicherung ist ein sehr wertvolles Privileg. Denn einfache Berechnungen unter Berücksichtigung der demographischen Umschichtungen in den nächsten Jahrzenten zeigen, dass die gesetzliche Rentenversicherung ein Fass ohne Boden ist. Daher ist es auf jeden Fall besser, wenn man sich befreien kann vom Generationenmodell mit der Umverteilung, die auf lange Sicht rechnerisch nicht mehr funktionieren kann und höchst ungerecht ist.[34] Stattdessen ist es viel sinnvoller für einen Geschäftsführer, eine Altersvorsorge in Form einer Pensionszusage der GmbH zu bewerkstelligen. Wie das genau funktioniert und wie man damit zusätzlich jede Menge Steuern sparen kann, werde ich Ihnen detailliert weiter unten im Abschnitt 5. vorstellen.

b) Optimale Höhe der Geschäftsführervergütung

Bei der Festlegung der richtigen Höhe der Geschäftsführervergütung sind verschiedene Aspekte zu berücksichtigen: Zunächst einmal sollte diese der Höhe nach angemessen sein. Wenn diese überhöht ist, wird das Finanzamt misstrauisch und es besteht die Gefahr, dass

---

[34] Ich verweise dazu exemplarisch auf einen Artikel in die „Die Welt" vom 16.07.2016 (abrufbar im Internet unter dem folgenden Kurzlink: https://goo.gl/jboCMG).

diese teilweise als verdeckte Gewinnausschüttung beurteilt wird mit der unangenehmen Konsequenz, dass der Betrag dann mit einer extrem hohen Steuerbelastung belegt wird.[35]

Davon abgesehen, haben Sie auch ein Eigeninteresse, die Geschäftsführervergütung nicht zu hoch anzusetzen. Denn das führt unter dem Strich zu Nachteilen bei der Gesamtsteuerbelastung. Am besten kann man das mit einem **Beispiel** demonstrieren:

Geschäftsführergehalt pro Monat:	€ 10.000
=> Jahresgehalt:	€ 120.000
=> ESt-Belastung beim Geschäftsführer:[36]	€ 39.645
=> KSt – Einsparung bei der GmbH:	€ 18.990
=> GewSt-Einsparung bei der GmbH:	€ 16.800
=> Differenz bei der Gesamtsteuerbelastung (= Einkommensteuerbelastung - KSt-Einsparung – GewSt-Einsparung):	€ 3.855

---

[35] Ich verweise dazu auf die exemplarischen Steuerbelastungsrechnungen bei der GmbH, die ich weiter oben im Kapitel D. II. 2. c)

[36] Es werden insgesamt € 10.000 Sonderausgaben (z.B. Krankenversicherungsbeiträge etc.) und Werbungskosten (z.B. Fahrtkosten, Fortbildung etc.) und der Grundtarif der Einkommensteuer für Ledige unterstellt.

Berechnen wir nun die Variante mit einem Geschäftsführergehalt in Höhe von € 4.000 statt € 10.000 und schauen uns dann die Auswirkungen auf die Gesamtsteuerbelastung an:

Geschäftsführergehalt pro Monat:	€ 4.000
=> Jahresgehalt:	€ 48.000
=> ESt-Belastung beim Geschäftsführer:[37]	€ 8.408
=> KSt – Einsparung bei der GmbH:	€ 7.596
=> GewSt-Einsparung bei der GmbH:	€ 6.720
=> **Differenz bei der Gesamtsteuerbelastung (= Einkommensteuerbelastung - KSt-Einsparung – GewSt-Einsparung):**	**- € 5.908**

Wie Sie sehen, sparen Sie unter dem Strich erheblich Steuern, wenn Sie die Höhe der Geschäftsführervergütung geschickt wählen. Beim obigen Beispiel sinkt die Gesamtsteuerbelastung (= Summe der Steuerbelastung bei der GmbH und beim Geschäftsführer) um beachtliche € 9.763 (= € 3.855 + € 5.908). Und das allein dadurch, dass Sie die Geschäftsführervergütung von € 10.000 auf

---

[37] Es werden insgesamt € 10.000 Sonderausgaben (z.B. Krankenversicherungsbeiträge etc.) und Werbungskosten (z.B. Fahrtkosten, Fortbildung etc.) und der Grundtarif der Einkommensteuer für Ledige unterstellt.

€ 4.000 pro Monat gesenkt haben. Das ist eine beachtliche Ersparnis, die sinnvoll investiert werden kann statt nutzlos an das Finanzamt abzufließen. Wenn Sie diese gesparten Steuern intelligent investieren, kann das Geld weiter für Sie arbeiten. Wie man intelligent und auch steueroptimiert investiert, werde ich Ihnen ausführlich weiter unten im Kapitel E. erklären.

Sie fragen sich an dieser Stelle vielleicht, wie es möglich ist, dass eine leichte Veränderung der Höhe des Geschäftsführergehaltes einen so durchschlagenden Einspareffekt bei der Steuerbelastung haben kann. Die Erklärung ist relativ einfach: Die Steuerbelastung auf Ebene der GmbH (= Summe aus Körperschafsteuer und Gewerbesteuer) ist gedeckelt auf insgesamt ca. 30%. Die Einkommensteuer hingegen steigt progressiv auf einen Spitzenwert von 42% (= Spitzensteuersatz 1. Stufe) bzw. 45% (= Spitzensteuersatz 2. Stufe) zzgl. Solidaritätszuschlag an. Daher ist es insgesamt nicht sinnvoll, über die Geschäftsführervergütung mehr Geld aus der GmbH herauszuziehen als für die Bestreitung des Lebensunterhaltes benötigt wird. Allerdings sollten Sie auch nicht nach unten übertreiben. Denn wenn das Geschäftsführergehalt zu niedrig bemessen ist, müssen Sie möglicherweise Gewinnausschüttungen durchführen, die (wie oben dargelegt) zu einer extrem hohen Steuerbelastung führen. Außerdem möchten Sie ja auch nicht auf Lebensqualität verzichten und wie gewohnt weiter Urlaub machen und sich etwas gönnen. Das sollen Sie auch.

Eine zu niedrig dimensionierte Geschäftsführervergütung beschädigt den Steuerspareffekt gleich an zwei Stellen: Wenn die Vergütung so niedrig ist, dass die Einkommensteuerbelastung erheblich unter 30% liegt und damit die niedrigen Progressionsstufen der Einkommensteuer nicht voll ausgenutzt werden, dann spart das weniger Steuern, weil die Steuerbelastung auf Ebene der GmbH ja bei konstant ca. 30% liegt.

Außerdem führt eine zu niedrige Geschäftsführervergütung dazu, dass ein weiteres Steuersparinstrument nicht mehr die volle Wirkung entfalten kann: Die Pensionszusage der GmbH an den Geschäftsführer. Denn die Höhe der rückstellungsfähigen Aufwendungen der GmbH für eine Pensionszusage ist an die Höhe der Geschäftsführervergütung dergestalt gekoppelt, dass die Pensionszusage maximal 75% der aktiven Bezüge des Geschäftsführers betragen darf. Damit würde eine zu niedrige Geschäftsführervergütung die Höhe der möglichen Pensionszusage drastisch nach unten drücken und damit den Steuerspareffekt bei den jährlichen Rückstellungen stark beschädigen. Die Details finden Sie weiter unten in Abschnitt 5. dargestellt.

4. Geschäftsführervergütung bei der Personengesellschaft?

Als aufmerksamer Leser werden Sie sich nun fragen, warum der Kniff mit der Geschäftsführervergütung nicht auch bei der Personengesellschaft funktionieren könnte. Das ist eine sehr gute Frage.

Zwar ist es bei der Personengesellschaft möglich, einen oder mehrere Gesellschafter zu sogenannten geschäftsführenden Gesellschaftern zu machen und einen Anstellungsvertrag zwischen dem Gesellschafter und der Personengesellschaft zu schließen. Das bewirkt jedoch (anders als bei der GmbH) tatsächlich keine steuerliche Entlastung bei der Personengesellschaft. Denn das Finanzamt rechnet die geflossenen Geschäftsführervergütungen bei Personengesellschaften dem Betriebsgewinn wieder hinzu, weil die Geschäftsführervergütung aus Sicht der Finanzverwaltung nur die Frage „linke Tasche, rechte Tasche" betrifft. Das liegt daran, dass der Träger des Gewerbes mit den Gesellschaftern der Personengesellschaft identisch ist.

Bei der GmbH ist das ganz anders. Die GmbH ist eine von den Gesellschaftern separierte und abstrahierte eigene Rechtsperson, die als solche Träger des Gewerbebetriebes ist. Daher funktioniert die Geschäftsführervergütung bei der GmbH als Steuerungsinstrument zur Senkung der Steuerbelastung.

Wir können damit als Ergebnis festhalten: Es bringt keine Steuervorteile, bei einer Personengesellschaft Anstellungsverträge mit geschäftsführenden Gesellschaftern zu schließen. Es verkompliziert vielmehr die Buchhaltung und Bilanzierung. Denn für die geschäftsführenden Gesellschafter müssen Sonderbilanzen erstellt werden und die Geschäftsführervergütungen müssen als Sonderbetriebseinnahmen verbucht werden.

Aus den gleichen Gründen bringt die Vermietung von Betriebsvermögen eines Gesellschafters an die Personengesellschaft keine steuerliche Entlastung. Denn auch hier sieht das Finanzamt nur eine Verschiebung von der linken Tasche in die rechte Tasche. Denn an die Personengesellschaft vermietetes Vermögen eines Gesellschafters muss als Sonderbetriebsvermögen in einer Sonderbilanz erfasst werden und den entsprechenden Sonderbetriebseinnahmen des Gesellschafters zugeordnet werden. Die Einnahmen werden dem Gewinn wieder hinzugerechnet, so dass eine steuerwirksame Verschiebung von Gewinnen der Personengesellschaft zum Gesellschafter verhindert wird. Bei der GmbH hingegen würde es funktionieren, wenn ein Gesellschafter Vermögen (z.B. eine Immobilie) an die GmbH vermietet, das für betriebliche Zwecke genutzt wird.

5. Pensionszusage der GmbH an Geschäftsführer

Wenn der Geschäftsführer sozialversicherungsrechtlich als selbständig eingestuft werden kann, kann eine Rentenversicherungspflicht vermieden werden. Das ist bei sogenannten beherrschenden Geschäftsführern der

Fall.[38] Dann kann man noch eine weitere Steuersparmöglichkeit nutzen: Die Pensionszusage der GmbH an den Geschäftsführer.[39] Das ist eine wirklich intelligente Kombination von Altersvorsorge mit einem Steuersparinstrument.

Was genau hat es damit auf sich? Eine Pensionszusage ist die vertragliche Verpflichtung der GmbH, dem Geschäftsführer im Ruhestand eine Altersrente zu zahlen. Für die Erfüllung dieser Zusage benötigt die GmbH natürlich Geld. Dieses Geld wird aber tatsächlich erst bei Erreichen des vereinbarten Renteneintrittsalters benötigt, da erst dann eine Rentenzahlung beginnt. Die GmbH darf aber bereits ab Erteilung der Pensionszusage jährliche Rückstellungen für die späteren Rentenzahlungspflichten machen, die sofort in entsprechender Höhe den steuerpflichtigen Gewinn der GmbH mindern.

Der Geschäftsführer erwirbt durch die Pensionszusage ein werthaltiges Rentenbezugsrecht, aus welchem ihm ab dem Renteneintrittsalter Geldzahlungen zuflie-

---

[38] Ein Geschäftsführer gilt in jedem Fall dann als beherrschend, wenn er mindestens 50 % der Anteile der GmbH hält. Auch bei einer Beteiligung von weniger als 50% kann ein Gesellschafter-Geschäftsführer beherrschend sein. Das ist z.B. der Fall, wenn er gleichgerichtete Interessen mit einem anderen Gesellschafter hat (z.B. Ehepartner oder Lebenspartner) und mit diesem zusammen über mehr als 50% der Anteile und entsprechendes Stimmengewicht in der Gesellschafter-versammlung verfügt.
[39] Die Pensionsrückstellung ist in § 8 KStG in Verbindung mit § 6a EStG geregelt.

ßen. Der Geschäftsführer muss aber mangels Geldzufluss bis zum Renteneintritt nichts versteuern. Erst mit Beginn der Rentenzahlungen sind diese beim (ehemaligen) Geschäftsführer der Einkommensteuer unterworfen. Auch daraus ergibt sich ein Steuervorteil, denn nach Eintritt in den Ruhestand ist in der Regel das gesamte laufende Einkommen niedriger. Somit unterliegen die dann zufließenden Rentenzahlungen aufgrund der Progression des Einkommensteuertarifes einer niedrigeren Steuerbelastung beim ehemaligen Geschäftsführer.

Wie Sie sehen, hat die Pensionszusage viele nützliche Effekte. Sie senkt sofort und effizient die Steuern bei der GmbH und verschiebt die Steuerpflichtigkeit in die Zukunft (Steuerstundungseffekt) und zum Geschäftsführer. Daraus ergibt sich zusätzlich ein wertvoller Liquiditätsvorteil als angenehmer Nebeneffekt zu dem Steuerprogressionsvorteil.

Außerdem behalten Sie die volle Kontrolle über das Geld und müssen es nicht einem staatlichen Versorgungsträger „in den Rachen werfen", der vielleicht später feststellt, dass die Gelder nicht ausreichen, um die prognostizierten Renten auszuzahlen. Denn die GmbH steuern Sie als Gesellschafter und Geschäftsführer natürlich selbst und haben damit die Hand auf dem Geld in Form der gebildeten Pensionsrückstellungen. Das ist ein nicht zu unterschätzender Vorteil.

Nun mögen Sie sich beim Lesen gedacht haben, dass es dann geschickt wäre, eine exorbitant hohe Pensionszusage an den oder die Geschäftsführer zu machen, so dass der operative Gewinn der GmbH nahezu vollständig in Pensionsrückstellungen eingestellt und damit der Besteuerung auf Ebene der GmbH entzogen werden kann. Eigentlich eine schöne Idee. Aber das funktioniert nicht, weil der Gesetzgeber natürlich auch erkannt hat, dass es Missbrauchspotential gibt und daher Grenzen für die steuerliche Anerkennung von Rückstellungen für Pensionszusagen gezogen hat. Die Finanzverwaltung fordert, dass die Konditionen einer Pensionszusage an den Geschäftsführer einem Fremdvergleich standhalten müssen. Das heißt, dass geprüft wird, ob eine GmbH einem Fremdgeschäftsführer, der nicht zugleich Gesellschafter der GmbH ist, ebenfalls solche Konditionen zusagen würde. Einem fremden Dritten würde eine GmbH natürlich keine überzogenen Pensionszusagen machen, weil das bedeuten würde, Geld zu verschenken.

Es muss daher plausibel darstellbar sein, dass die Pensionszusage der Höhe nach angemessen und für die GmbH finanzierbar ist. Insgesamt gibt es eine Obergrenze von 75% der aktiven Geschäftsführervergütung. Darüber hinaus ist der Zeitpunkt der Zusage entscheidend. Einem fremden Dritten würde eine GmbH nicht bereits im ersten Jahr eine entsprechende Zusage machen, sondern erst dann, wenn sich der Geschäftsführer bewährt hat und eine entsprechende Leistungsbilanz vorweisen kann. Daher werden von der Finanzverwaltung Zusagen nur dann steuerlich anerkannt, wenn der Geschäftsführer mindestens 2 bis 3 Jahre lang für die GmbH tätig gewesen ist. Bei Neugründung einer GmbH ist die Finanzverwaltung besonders kritisch. Hier kann eine Pensionszusage frühestens nach Ablauf von 5 Jahren zugesagt werden.[40]

Schließlich muss die Zusage **vor** der Vollendung des 60. Lebensjahres des Geschäftsführers gemacht werden und zum Zeitpunkt der Erteilung muss bei einem Geschäftsführer, der zugleich beherrschender Gesellschafter ist, eine mindestens 10 Jahre dauernde aktive Tätigkeit als Geschäftsführer absehbar sein. Schließlich darf die Rentenzahlung gemäß der Zusage frühestens zum 62. Lebensjahr beginnen.[41] Die Zusage eines früheren Renteneintrittsalters wird steuerlich nicht mehr anerkannt.

Selbstverständlich muss die Pensionszusage klar und eindeutig dokumentiert sein und tatsächlich auch so praktiziert werden. Wenn die Finanzverwaltung bei einer späteren Prüfung zu der Einschätzung gelangt, dass die Pensionszusage einem Fremdvergleich **nicht** standhält, dann werden die Zuführungen zur Rücklage als verdeckte Gewinnausschüttungen behandelt. Das ist sehr nachteilig und sollte unbedingt vermieden werden.

---

[40] § 8 Abs. 3 KStG und BMF Schreiben v. 14.12.2012 - IV C 2 – S 2742/10/10001 BStBl 2013 I S. 58 - abrufbar im Internet unter dem folgenden Kurzlink: https://goo.gl/JkoAL8

[41] BMF Schreiben v. 06.03.2012 - IV C 3 - S 2220/11/10002 IV C 1 - S 2252/07/0001 :005 BStBl 2012 I S. 238 – abrufbar im Internet unter dem folgenden Kurzlink: https://goo.gl/Xx8ZJx

6. GmbH & Co. KG

Die GmbH & Co. KG ist eine Personengesellschaft, die zur Haftungsbegrenzung eine GmbH als Vollhafterin in den Gesellschafterkreis aufgenommen hat.

Grundsätzlich sind sowohl für die GmbH als auch für die KG Steuererklärungen zu machen. Grundlage der Steuererklärungen ist der von der KG erwirtschaftete Gewinn und Verlust, der den Gesellschaftern (= GmbH und Kommanditisten) auf der Grundlage einer einheitlichen und gesonderten Gewinn- und Verlustfeststellung zugewiesen wird.

Es ist zwischen der gewerblich geprägten GmbH & Co. KG einerseits und der vermögensverwaltenden GmbH & Co. KG andererseits zu unterscheiden. Bei beiden Ausprägungen erzielt die GmbH stets gewerbliche und damit gewerbesteuerpflichtige Einkünfte. Bei den Kommanditisten ist zu unterscheiden: Bei der gewerblich geprägten KG erzielen diese ebenfalls gewerbesteuerpflichtige Einkünfte. Bei der vermögensverwaltenden Ausprägung (z.B. einer Immobilienfonds-KG) erzielen die Kommanditisten Einkünfte aus Vermietung und Verpachtung, die **nicht** gewerbesteuerpflichtig sind. Darüber hinaus besteht der Vorteil der vermögensverwaltenden Ausprägung darin, dass die Kommanditisten einen Veräußerungsgewinn bei einer Immobilie als Investitionsgegenstand steuerfrei vereinnahmen können, wenn die Voraussetzungen gegeben sind (mindestens 10 Jahre Haltedauer der Immobilie durch die KG und Anteile an der KG im Privatvermögen der Gesellschafter). Für Immobilieninvestments in größere Immobilien (z.B. Bürohochhaus in einer Metropole) durch einen größeren Kreis von Anlegern eignet sich die vermögensverwaltende Ausprägung daher sehr gut als Rechtsform.

Die GmbH & Co. KG hat als Personengesellschaft den Nachteil, dass Geschäftsführervergütungen von Gesellschafter-Geschäftsführern nicht wie bei der GmbH genutzt werden können, um das Betriebsergebnis der Gesellschaft steueroptimiert zwischen Gesellschaft und Geschäftsführer aufzuteilen. Die oben für die GmbH beschriebenen Steuerstrategien funktionieren daher für diese Rechtsform gar nicht oder nur sehr begrenzt. Hinzu kommt der größere administrative Aufwand, da stets mehrere Steuererklärungen zu erstellen sind (für die GmbH und für den oder die Kommanditisten).

7. GmbH & Still

Ich hatte oben bei der Darstellung der möglichen Rechtsformen für eine unternehmerische Tätigkeit bereits erklärt, dass die GmbH & Still dazu dient, Kapital für die GmbH zu beschaffen. Es handelt sich damit um ein alternatives Finanzierungsinstrument, das neben der Aufnahme eines ganz normalen Bankdarlehens eingesetzt werden kann.

Es gibt jedoch noch ein weiteres nützliches Einsatzfeld für die GmbH & Still in der Ausprägung einer atypisch stillen Beteiligung. Sie werden nicht allzu überrascht sein, wenn ich Ihnen mitteile, dass es einen verborgenen Mechanismus gibt, um wieder Steuern zu sparen. Und in der Tat kann man mit einer atypisch stillen Beteiligung an einer GmbH einen gewerbesteuerrechtlichen Nachteil der GmbH abschalten. Ich hatte oben bei der Darstellung der Besteuerung der Kapitalgesellschaften im Vergleich zu den Personengesellschaften bereits erwähnt, dass die GmbH den Nachteil hat, dass sie den Gewerbesteuerfreibetrag in Höhe von € 24.500 leider **nicht** in Anspruch nehmen kann.[42] Folgerichtig ist auch bei den Steuerbelastungsvergleichsrechnungen ein solcher Freibetrag nicht eingerechnet worden.

Wenn Sie jedoch einen atypisch stillen Teilhaber einbinden, dann entsteht damit eine Innengesellschaft mit dem Teilhaber und der Weg ist frei für die Inanspruchnahme des Freibetrages in Höhe von € 24.500 durch die GmbH. Die dogmatische Begründung dieser Rechtsfolge ist kompliziert und nicht einfach nachzuvollziehen. Das braucht uns aber nicht zu belasten, weil das Ergebnis gefestigter Rechtsprechung des Bundesfinanzhofes entspricht und damit ein anerkanntes und praxistaugliches Steuersparmodell gegeben ist.[43]

Im Prinzip reicht für die Erschließung des Gewerbesteuerfreibetrages für die GmbH auch eine mikrosko-

---

[42] Das ist in § 11 Abs. 1 Nr. 2 GewStG geregelt. Demnach ist der Freibetrag Mitunternehmerschaften und damit im Ergebnis Personengesellschaften bzw. einzelkaufmännischen Unternehmungen vorbehalten.

[43] Ich verweise dazu auf Bundesfinanzhof, Urteil vom 30.08.2007 (Az IV R 47/05) – abrufbar unter https://www.iww.de/quellenmaterial/id/26445

pisch kleine Beteiligung des atypisch stillen Gesellschafters aus. Wichtig ist dabei, dass Sie eine unbeteiligte Person als atypisch stillen Gesellschafter wählen, die nicht bereits Gesellschafter und/oder Geschäftsführer der GmbH ist. Denn mit einem Gesellschafter-Geschäftsführer als atypisch stillem Gesellschafter würden Sie die gesamte Konstruktion der GmbH als Steuersparmodell schwer beschädigen. Denn damit würden die GmbH-Anteile des Gesellschafter-Geschäftsführers zu Sonderbetriebsvermögen und die Geschäftsführervergütung müsste als Sonderbetriebseinnahme verbucht werden. Diese äußerst unerwünschten und schädlichen Nebenwirkungen einer atypisch stillen Beteiligung eines Gesellschafter-Geschäftsführers können Sie vermeiden, wenn Sie einen unbeteiligten Dritten als atypisch stillen Gesellschafter installieren. Dieser Dritte sollte eine vertrauenswürdige Person sein, weil sie als atypisch stiller Gesellschafter anteilig an den stillen Reserven des Unternehmens beteiligt wird und darüber hinaus übliche Zustimmungsrechte zu wesentlichen Änderungen der Unternehmung vereinbart werden. In aller Regel werden daher Familienangehörige für diese Rolle auserkoren (z. B. Geschwister oder Cousinen und Cousins).

Ich möchte nicht verschweigen, dass diese Konstruktion leider auch ein wenig administrativen Aufwand nach sich zieht: In die Bilanz der GmbH müssen einige Positionen aufgenommen werden, die sich aus der atypisch stillen Beteiligung ergeben und es ist eine zusätzliche Steuererklärung für die Innengesellschaft zu machen, um eine einheitliche und gesonderte Gewinn- und

Verlustfeststellung zu beantragen. Schließlich muss der atypisch stille Gesellschafter die Gewinnzuweisungen aus der Beteiligung als Einkünfte aus Gewerbebetrieb in seiner Einkommensteuererklärung deklarieren (Anlage G). Wie Sie sehen, macht die Finanzverwaltung alles unnötig kompliziert und produziert unnötigen Verwaltungsaufwand. Viel einfacher wäre es, im Gewerbesteuergesetz den Freibetrag in Höhe von € 24.500 auch Kapitalgesellschaften einzuräumen. Aber einmal mehr zeigt sich, dass Deutschland nicht Deutschland wäre, wenn es nicht übertrieben kompliziert zuginge. Wir wollen aber bitte nicht den Fehler machen, uns zu lange darüber zu ärgern. Stattdessen sollte man lieber den Prozess so standardisiert einstellen, dass der zusätzliche administrative Aufwand sich in Grenzen hält.

An dieser Stelle möchte ich noch einmal eine Steuerbelastungsrechnung unter Berücksichtigung des Gewerbesteuerfreibetrages bei der GmbH & Still durchführen. So können Sie sehen, wie sich durch diesen Schachzug die Steuerbelastung weiter nach unten drücken lässt.

Standort: Durchschnittsgemeinde
(GmbH **mit** Geschäftsführervergütung und <u>ohne</u> Gewinnausschüttung)

Gewinn der GmbH & Still:	€ 100.000
./. Geschäftsführervergütung	€ 50.000
Gewinn der GmbH & still vor Steuern:	€ 50.000
./. 15,825% Körperschaftsteuer (KSt)	€ 7.912
./. 14% Gewerbesteuer (GewSt) **unter Berücksichtigung des Freibetrages von € 24.500**	€ 3.570
Gewinn nach Steuern auf Ebene der GmbH & Still:	**€ 38.518**
Einkommensteuern auf Geschäftsführervergütung von:	**€ 50.000**
./. Arbeitnehmerpauschbetrag	€ 1.000
./. Sonderausgaben	€ 8.000
Differenz (= zu versteuerndes Einkommen):	€ 41.000
Einkommensteuer (verheiratet) nach Splittingtarif:	€ 5.200
+ Solidaritätszugschlag:	€ 286
Einkommen nach Steuern aus der Geschäftsführervergütung:	**€ 44.514**
=> Gesamtsteuerbelastung (= 16,97 %)	€ 16.968

Das sind Zahlen, die Freude machen. Wie Sie sehen, lohnt es sich wirklich, über Strategien zur Senkung der Steuerlast nachzudenken. Und diese geringe Steuerbelastung ist völlig legal erarbeitet ohne Briefkastenfirmen in Steueroasen. Ich erinnere in diesem Zusammenhang noch einmal daran, dass bei diesen Zahlen der Steuerspareffekt einer Pensionszusage an den Geschäftsführer noch gar nicht berücksichtigt ist. Die Steuerbelastung lässt sich folglich noch weiter drücken.

Ich hoffe, dass es mir mit dieser Berechnung gelungen ist, Ihnen zu demonstrieren, wie wichtig die 3. Baustelle (Begrenzung der Steuerbelastung) beim Aufstieg in die Liga der Millionäre ist.

Wenn das bei der Steuer eingesparte Geld kontinuierlich in sinnvolle Geldanlagen (z.B. Immobilien oder Aktien) investiert wird, dann summieren sich im Laufe der Jahre sehr beachtliche Zuwächse für das Nettovermögen auf, so dass es für einen ganz normalen Vertreter aus der Mittelschicht absolut realistisch wird, in die Liga der Millionäre aufzusteigen. Ich erinnere in diesem Zusammenhang noch einmal an die in der Einführung auf Seite 19 angestellte Berechnung von Vermögensendwerten bei intelligenter Investition der eingesparten Steuern.

III. Steuerfallen für Unternehmer

Ich hatte es in der Einleitung bereits angesprochen, dass es böse Steuerfallen für Unternehmer gibt, die zu gewaltigen Schäden führen können. Diese Steuerfallen sind deshalb so gefährlich, weil sie von normal denkenden Menschen in der Regel erst dann erkannt werden, wenn sie zuschnappen.

Häufig haben fatale Fehlentscheidungen von Jungunternehmern ihre Ursache darin, dass ihnen das Bewusstsein für Gefahren fehlt, die sich aus dem unübersichtlichen Dickicht von Rechtsvorschriften (allen voran steuerrechtlichen Vorschriften) ergeben. Wenn sich dann eine Gefahr realisiert, ist es häufig zu spät. Ich habe mehr als einmal in meiner Beratungspraxis erlebt, dass ein Jungunternehmer in Tränen ausgebrochen ist als ihm klar wurde, dass er durch einen Fehler bei der überhasteten „Umstrukturierung" seines einzelkaufmännischen Unternehmens in eine GmbH unbeabsichtigt stille Reserven in Form eines Firmenwertes aufgedeckt hat und daher eine Steuerlast auf einen vom Finanzamt fingierten Veräußerungsgewinn von € 1.000.000 zahlen musste. Das mag Ihnen erstaunlich vorkommen, dass eine unbedacht vorgenommene Veränderung der Rechtsform zu einem existenzgefährdenden Steuerschaden führen kann. Tatsächlich ist jedoch das deutsche Steuerrecht so konstruiert, dass solche Konsequenzen keine rein theoretischen Restrisiken, sondern reale Gefahren sind. So etwas ist nicht nur ein finanzielles Desaster, sondern auch ein Schlag in die Magengrube eines Unternehmers, der das Selbstbewusstsein kollabieren lassen kann. Solche Katastrophen lassen sich vermeiden durch gründliches Nachdenken und durch eine gute Informationsgrundlage bereits bei den entscheidenden Weichenstellungen in der Gründungsphase.

Nehmen wir dazu 2 **Beispiele**, um zu illustrieren, wie eine Steuerkatastrophe entstehen kann:

Beispiel 1:

Stellen Sie sich vor, dass Sie gelernter Softwareentwickler sind und sich erfolgreich selbständig gemacht haben in der Rechtsform eines einzelkaufmännischen Gewerbes. Die Gewinne sprudeln üppig, weil Sie sich einen Namen in der Branche aufgebaut haben. Nach 5 Jahren stellen Sie fest, dass eine GmbH als Rechtsform für Sie doch günstiger wäre. Zum einen, weil Sie damit am Markt seriöser auftreten können und zum anderen, weil Sie herausgefunden haben, dass Sie so Steuern sparen können.

Sie gründen kurzerhand eine GmbH und führen Ihre Geschäftsbezeichnung fort mit dem Zusatz „GmbH". Das Unternehmen an sich führen Sie genau so fort wie zuvor, nur eben in der Rechtsform der GmbH. Nach einem Jahr bekommen Sie Post vom Finanzamt und werden aufgefordert, ein Gutachten über den Wert des Anlagevermögens des einzelkaufmännischen Gewerbes (einschließlich Firmenwert) zum Zeitpunkt der Übernahme des Gewerbes durch die GmbH vorzulegen. Hintergrund ist, dass das Finanzamt die unveränderte Fortführung durch die GmbH als Entnahme des Gewerbebetriebes aus der einzelkaufmännischen Unternehmung und Einbringung in das neue Unternehmen wertet. Diese Entnahme eines Gewerbetriebes mit sämtlichem Betriebsvermögen kann zu einer Aufdeckung stiller Reserven führen. Selbst wenn Sie wenig physisches Anlagevermögen haben, weil Sie in erster Linie Ihre Ideen und Ihre Zeit in den Erfolg des Unternehmens investiert haben, kann gleichwohl ein erheblicher Firmenwert entstanden sein durch die Etablierung Ihrer Firma im Markt. Und genau hier könnte Ihnen das Finanzamt enorm zusetzen. Denn das Finanzamt fingiert bei der Entnahme des einzelkaufmännischen Gewerbes eine Aufdeckung stiller Reserven in Form eines Firmenwertes. Das gilt selbst dann, wenn gar kein Verkauf stattgefunden hat und kein Verkaufspreis geflossen ist. Das ist eine wirklich böse Falle und kann richtig teuer werden. Insbesondere dann, wenn Sie sehr erfolgreich gearbeitet haben und durch einen überdurchschnittlichen Einsatz und durch Ihre Kreativität einen erheblichen Firmenwert aufgebaut haben.

Solche Unfälle lassen sich vermeiden, wenn frühzeitig, d.h. bereits bei der Gründung eines Unternehmens über die optimale Rechtsform nachgedacht wird. Alternativ ist es möglich, ein bestehendes Gewerbe zu Buchwerten auf eine neugegründete GmbH zu übertragen im Rahmen einer Kapitalerhöhung. Eine weitere Möglichkeit besteht darin, stille Reserven in Form eines Firmenwertes durch einen Verkauf des Gewerbes an die GmbH kontrolliert aufzudecken und privilegiert zu versteuern.[44] Der schlimmste Fehler ist die stillschweigende Entnahme bzw. die Übernahme des Gewerbes durch eine neue GmbH ohne eine steuerschonende rechtliche Gestaltung.

Wenn die Entnahme bereits erfolgt ist, lässt sich der Schaden kaum noch reparieren. Eine Vermeidung der steuerschädlichen Aufdeckung von stillen Reserven in Form eines Firmenwertes lässt sich nur durch vorausschauende Regelungen **vor** der tatsächlichen Durchführung des Rechtsformwechsels gestalten.

Beispiel 2:

Sie gründen eine Werbeagentur in der Rechtsform einer GmbH und bauen zu diesem Zweck ein repräsentatives Gebäude für Ihr Unternehmen auf einem Grundstück, das Sie für die Unternehmung als Betriebsvermögen erworben haben. Sie freuen sich zunächst über die erhöhten Abschreibungen auf die Errichtungskosten von € 600.000 für das Gebäude (3% pro Jahr statt der üblichen 2%).

---

[44] Nach § 16 EStG können Gewinne aus dem Verkauf eines Gewerbes (Einzelkaufmann oder Mitunternehmerschaft) privilegiert versteuert werden. Dabei ist zu berücksichtigen, dass der Firmenwert eines neugegründeten Unternehmens einen Buchwert von Null hat und sich daher bei der Ermittlung eines Veräußerungsgewinns (= Differenz aus Verkaufserlös und Buchwert des Gewerbes) stark auswirken kann. Die Höhe eines angenommenen Firmenwertes muss realistisch sein und ist in der Regel durch ein Wertgutachten nachzuweisen, das natürlich Geld kostet.

15 Jahre später gehen Sie in den Ruhestand, verkaufen die Werbeagentur ohne das Gebäude und vermieten dieses an eine Rechtsanwaltskanzlei, um mit den Mieteinnahmen im Ruhestand Ihre Rente aufzubessern.

Dann kommt der Schock: Sie erhalten Post vom Finanzamt, das folgende Rechnung aufmacht:

Aktueller Wert des Gebäudes:	€ 1.600.000
Buchwert (= € 600.000 - 15 Jahre x € 18.000 AfA):	€ 330.000
Steuerpflichtiger Veräußerungsgewinn:	€ 1.270.000
Einkommensteuer (inkl. Solidaritätszuschlag) auf Veräußerungsgewinn:	€ 585.590

Obwohl Sie das Gebäude gar nicht bewusst veräußert haben, ist das Finanzamt aufgrund der Entnahme der Immobilie aus dem Betriebsvermögen und der Überführung in das Privatvermögen zu steuerpflichtigen Einkünften in Höhe von € 1.270.000 gelangt.[45] *Darauf setzt das Finanzamt dann folgerichtig Einkommensteuern in Höhe von € 585.590 fest. Das dürfte Ihnen den Lebensabend als*

---

[45] Die Steuerfreiheit von Veräußerungsgewinnen bei **im Privatmögen** gehaltenen Immobilien nach 10 Jahren Haltedauer (geregelt in § 23 EStG) hilft Ihnen hier auch nicht mehr, weil die Immobilie **im Betriebsvermögen** gehalten worden war.

Rentner erheblich vermiesen, weil eine solche Steuerforderung ein großes Loch in Ihre Kasse reißt. Die finanzielle Katastrophe hätte vermieden werden können durch Belassung der Immobilie im Privatvermögen von Anfang an. Das Gebäude hätte dann einfach vermietet werden können an die GmbH. Die geringfügig geringere AfA von 2% statt 3% pro Jahr wäre unter dem Strich deutlich günstiger gewesen als die Versteuerung eines Entnahmegewinns in Höhe von € 1.270.000 nach 15 Jahren.

Diese beiden Beispiele sollen Sie nicht demoralisieren. Sie sollen Ihnen vielmehr vor Augen führen, wie gefährlich das deutsche Steuerrecht ist. Fachleute sprechen sogar von „komplett vermintem Gelände". Das mag überzogen wirken, ist jedoch keineswegs an der Realität vorbei.

IV. Wechsel der Rechtsform

In dem obigen Beispiel 1 hatten Sie bereits erfahren, wie wichtig es ist, beim Wechsel der Rechtsform eines Unternehmens planmäßig vorzugehen. Das gilt insbesondere im Hinblick auf die Aufdeckung von stillen Reserven in Form eines Firmenwertes.

Das Thema eines Rechtsformwechsels stellt sich in der Regel bei solchen Unternehmen, die zunächst als einzelkaufmännisches Gewerbe gestartet sind und später in eine Kapitalgesellschaft (zumeist eine GmbH) überführt werden sollen. Dahinter stecken in aller Regel Strategien zur Begrenzung der Steuerbelastung und der Wunsch nach einem seriösen Marktauftritt.

Greifen wir noch einmal das obige Beispiel 1 auf: Ein Softwareentwickler hat zunächst als Einzelkaufmann die Selbständigkeit begonnen und stellt nach 5 Jahren erfolgreichen Aufbaus des Geschäftes fest, dass die Steuerbelastung erdrückend ist. Es ist in der Tat frustrierend, einen Gewinn von beispielsweise € 300.000 pro Jahr durch die Einkommensteuer mit dem progressiven Steuertarif zu schleusen.[46] Wie sich insoweit die Rechtsform

---

[46] Bei der Annahme, dass der Unternehmer ledig und kinderlos ist und die Gewerbesteuer voll auf die Einkommensteuer angerechnet werden kann, ergibt sich eine Steuerbelastung von schmerzhaften € 120.335 (= 40,11%) pro Jahr. Dabei sind pauschal € 10.000 Sonderausgaben unterstellt und in Abzug gebracht.

einer GmbH als Modell zur Begrenzung der Steuerlast einsetzen lässt, hatte ich Ihnen bereits oben in Kapitel D. II. 2. d) dargestellt und vorgerechnet.

Schauen wir uns nun an, welche Möglichkeiten es gibt, ein laufendes Gewerbe steueroptimiert und „unfallfrei" auf eine neu gegründete GmbH zu übertragen. Noch einmal zur Erinnerung: Die Übertragung soll so gestaltet werden, dass dabei möglichst keine stillen Reserven aufgedeckt werden, die zu einer Steuerbelastung führen. Die größten stillen Reserven stecken in dem Beispiel nicht in dem klassischen Anlagevermögen in Form von Computern und Büromöbeln, sondern in dem Firmenwert. Der Firmenwert ergibt sich aus der Etablierung des Unternehmens im Markt und aus den aufgebauten Kundenbeziehungen und aus dem Know-How. Dazu können auch selbstgeschaffene Wirtschaftsgüter gehören, die nicht bilanzierungsfähig sind (z.B. Urheberrechte an selbst erstellten Computerprogrammen) und daher nirgendwo in den Büchern auftauchen. All diese Positionen ergeben in der Summe einen wirtschaftlichen Wert, der unter dem Oberbegriff „Firmenwert" zusammengefasst wird. Da dem Firmenwert in der Regel (und so auch in unserem Beispiel) kein Anschaffungspreis und damit ein Buchwert von Null zugrunde liegt, führt er bei der Aufdeckung in voller Höhe zu einem steuerpflichtigen Gewinn. Denn der Gewinn ergibt sich aus der Differenz von Buchwert und Marktwert.

Ziel einer steuerschonenden Übertragung des Firmenwertes auf den neuen Rechtsträger GmbH ist daher die Übertragung zum Wert Null. Denn dann fallen keine Steuern durch Aufdeckung von stillen Reserven an. Eine derartige Übertragung zum Buchwert ist nur bei der Übertragung des Gewerbebetriebes als Ganzes gegen Gewährung von Gesellschaftsanteilen möglich. Das kann bereits bei der Gründung der GmbH geregelt werden. Alternativ kann die Übertragung zum Buchwert auch später noch im Rahmen einer Kapitalerhöhung bei der GmbH erfolgen. Das funktioniert jedoch nur dann, wenn die GmbH **nicht** bereits stillschweigend den Betrieb fortgesetzt hat unter Nutzung des Betriebsvermögens. In allen Fällen ist für die steuerschonende Übertragung des Gewerbes auf die neugegründete GmbH gegen Gesellschaftsanteile ein notarieller Vertrag erforderlich.

Der schlimmste Fehler ist, nichts zu regeln und die neugegründete GmbH einfach die Geschäftseinrichtung und das Betriebsvermögen des einzelkaufmännischen Unternehmens weiternutzen zu lassen. Denn das führt zur Fiktion der Entnahme des Betriebsvermögens und damit unweigerlich zur Aufdeckung des Firmenwertes und einer dicken Rechnung vom Finanzamt. Wenn dieser Fehler gemacht worden ist, kann man nur noch versuchen, den Firmenwert durch einen Gutachter möglichst niedrig ansetzen zulassen. Aber erstens kosten Gutachten zur Ermittlung eines Firmenwertes Geld und zweitens sind Gutachter an anerkannte Methoden zur Ermittlung des Firmenwertes gebunden und daher nicht frei, den Firmenwert beliebig nach unten zu frisieren. Kosten in Höhe von € 10.000 bis € 15.000 (netto) für ein Firmenwertgutachten sind durchaus einzukalkulieren.

Der Gutachter wird bei der Wertermittlung insbesondere den laufenden Ertrag des Unternehmens in den Blick nehmen. Wenn dieser sehr hoch ist, dann summiert sich das schnell zu einem astromischen Firmenwert auf. Beim sogenannten Discounted Cash Flow - Verfahren wird (vereinfacht ausgedrückt) der jährliche Ertrag auf 5 Jahre hochgerechnet und auf einen Barwert abgezinst. Wenn das Unternehmen jährlich z.B. € 300.000 Ertrag eingefahren hat, dann ergeben sich daraus bereits schwindelerregende € 1.500.000, die dann allerdings noch abgezinst werden auf einen Barwert und dann bei einer Größenordnung von ca. € 1.200.000 liegen dürften. Einziges Trostpflaster ist, dass der vom Finanzamt angenommene und der Einkommensteuer unterworfene Firmenwert bei der GmbH dann als solcher bilanziert und über 15 Jahre steuermindernd abgeschrieben werden kann. Das ist jedoch unter dem Strich immer noch ein schlechtes Geschäft.

Abschließend möchte ich noch auf eine Vorschrift hinweisen, die in einem solchen Fall schadensmindernd wirken kann: Nach § 16 Einkommensteuergesetz (EStG) kann die Übertragung eines einzelkaufmännischen Gewerbes auf eine GmbH beim vorherigen Betriebsinhaber als Betriebsaufgabe gewertet werden. Das gilt auch dann, wenn der Einzelkaufmann einziger Gesellschafter und Geschäftsführer der neugegründeten GmbH ist. Die bei einer Geschäftsaufgabe realisierten Veräußerungsgewinne können gemäß § 16 EStG privilegiert nach der sogenannten Fünftelregelung versteuert werden. Das führt im Ergebnis zu einer niedrigeren Steuerlast, weil fünf

Mal der Grundfreibetrag in Höhe von € 9.000 (Stand 2018) zur Anwendung kommt. Darüber hinaus kann man von niedrigen Eingangssteuersätzen profitieren und damit im Ergebnis den steuerpflichtigen Veräußerungsgewinn auf eine niedrigere Progressionsstufe herunterschleusen.

V. Steuerliche Aspekte bei Holdingstrukturen

Abschließend möchte ich auf die steuerlichen Aspekte von Holdingstrukturen eingehen. Ich hatte oben im Kapitel C. VIII. erklärt, dass eine Holdingstruktur sinnvoll sein kann, um erwirtschaftete Gewinne einer GmbH in Sicherheit zu bringen für den Fall, dass Risiken schlagend werden und die GmbH insolvent wird. Denn ohne eine Holdingstruktur könnten Gläubiger der GmbH auf sämtliche thesaurierten Gewinne als Haftungsmasse zurückgreifen und das Ergebnis von mitunter jahrzehntelanger Arbeit zunichtemachen. Wenn die Gewinne jedoch jährlich zur Muttergesellschaft transferiert werden, haften sie nicht mehr für die in der Tochter-GmbH verorteten Risiken.

Die Holding-GmbH selbst ist nicht operativ tätig und daher gegen entsprechende Risiken abgeschirmt. Das funktioniert natürlich auch mit mehreren operativ tätigen GmbH's, wenn zusätzlich eine horizontale Risikoabschottung verschiedener unternehmerischer Aktivitäten angestrebt wird. Die nachfolgende Grafik verdeutlicht das.

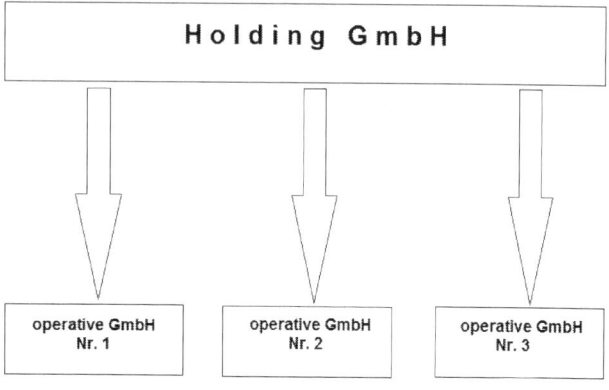

Das ist übrigens auch der Grund für die sogenannte Betriebsaufspaltung von Unternehmen in eine Betriebsgesellschaft und eine Besitzgesellschaft. Die wertvollen Güter des Anlagevermögens (z.B. Grundstücke, Patente und Rechte) werden einer Besitzgesellschaft zugeordnet und an die Betriebsgesellschaft vermietet, in der die tatsächlichen operativen Risiken liegen. Der einzige Unterschied zur Holdingstruktur ist, dass Besitzgesellschaft und Betriebsgesellschaft Schwestergesellschaften sind und keine Mutter-Tochter-Struktur gegeben ist

Die Strategie einer Holding-Struktur wirft unweigerlich die Frage auf, welche steuerlichen Auswirkungen die Transferierung von Gewinnen von der operativen Tochter-GmbH zur Holding-GmbH hat. Hier kann ich Ihnen die gute Nachricht geben, dass die Transferierung bis auf einen kleinen Schönheitsfehler ohne eine nennenswerte Steuerbelastung erfolgen kann. Das wird als

Schachtelprivileg bezeichnet. Der Schönheitsfehler ergibt sich daraus, dass leider nicht 100% steuerfrei zur Holding-GmbH transferiert werden können, sondern nur 95%. Die verbleibenden 5% des Gewinns sind auf Ebene der Holding-GmbH mit dem Körperschaftssteuersatz von 15% und ggf. mit dem einschlägigen Gewerbesteuersatz zu versteuern. Bei einem Gewerbesteuerhebesatz von 400% (= 14% Gewerbesteuerbelastung) fallen damit 1,45% Steuern auf den transferierten Gewinn an (= 15% KSt x 5% + 14% GewSt x 5%). Das ist ein durchaus zu verschmerzender Preis für die Absicherung der Gewinne gegen einen Vollstreckungszugriff von Gläubigern der GmbH mit den operativen Risiken.

E. INVESTMENTSTRATEGIEN

In diesem Kapitel wird es darum gehen, das verdiente Geld (egal, ob als Unternehmer oder als Arbeitnehmer) intelligent und steueroptimiert zu investieren. Dabei geht es nicht nur darum, die höchsten Erträge zu erwirtschaften, sondern es geht auch darum, die Steuerbelastung in Grenzen zu halten und sich vom Finanzamt nicht zu große Stücke vom Kuchen wegnehmen zu lassen.

Die Investition von Kapital ist eine besonders wichtige Baustelle. Denn sie ermöglicht Ihnen, passives Einkommen zu generieren. Mit anderen Worten: Sie müssen nicht selbst ständig Ihre Arbeitskraft und Zeit investieren, sondern Sie investieren Kapital, das für Sie arbeitet. Das Gute daran ist, dass Kapital als Ressource theoretisch beliebig vermehrt werden kann. Das gilt für Ihre Zeit und Ihre Arbeitskraft nicht. Sie können allenfalls Mitarbeiter einstellen. Das ist aber nicht das gleiche. Denn Ihre eigene Zeit und Ihre Arbeitskraft sind entscheidend, um Ihr Erfolgsimperium aufzubauen und zu steuern. Das können Sie nicht auf Mitarbeiter delegieren.

Wenn Sie Kapital für sich arbeiten lassen, haben Sie noch den Vorteil, dass Sie auch fremdes Kapital nutzen können. Ich meine damit Darlehen von einer Bank, die Sie für eine Investition nutzen können. Wenn das Darlehen entsprechend günstig und die Investition entsprechend renditestark ist, dann kann ein hoher Anteil der Darlehensfinanzierung und ein geringer Anteil Eigenkapital sogar ein sehr geschickter Schachzug sein, um die Rendite auf das eingesetzte Eigenkapital zu steigern. Diesen sogenannten **Hebeleffekt** einer Darlehensfinanzierung erkläre ich Ihnen im folgenden Kapitel „**I. Kapitalanlagen in Immobilien**".

Hinzu kommt die Erkenntnis, dass Einnahmen aus Investitionen in der Regel weniger stark besteuert werden als Einnahmen aus Arbeit. Investitionen in vermietete Immobilien z.B. bieten viel mehr Möglichkeiten zum Ansatz von steuermindernden Werbungskosten mit der Konsequenz, dass solche Einnahmen unter dem Strich geringer besteuert werden als Einnahmen aus Arbeit. Und das, obwohl beide Einkommensarten prinzipiell dem gleichen (progressiv ausgestalteten) Einkommensteuersatz unterliegen.

Schließlich ist zu berücksichtigen, dass der erzielte Wertzuwachs bei Immobilien steuerfrei vereinnahmt werden kann bei der Realisierung im Verkaufsfall, wenn die Immobilie mindestens 10 Jahre **im Privatvermögen** gehalten worden ist.[47]

Außerdem unterliegen Arbeitseinkünfte (anders als Einkünfte aus Kapitalvermögen und aus Vermietung und Verpachtung) diversen Sozialversicherungsabgaben bis zur Höhe der Beitragsbemessungsgrenze (Krankenversicherung, Pflegeversicherung, Rentenversicherung, Arbeitslosigkeitsversicherung). Das führt in der Summe

---

[47] Das ist in § 23 EStG geregelt.

zu erheblich höheren Belastungen. Das kann man mit guten Argumenten als unsozial kritisieren. Es ist jedoch geltende Rechtslage und muss daher in die Überlegungen einbezogen werden. Denn weder Sie als Leser noch ich als Autor haben die Macht, die Gesetze auszuhebeln.

Bei Erträgen aus Aktien in Form von Dividenden oder Veräußerungsgewinnen profitieren Anleger von günstigen Pauschaltarifen bei der Einkommensteuer in Form der Abgeltungssteuer, die mit pauschal 25% zzgl. Solidaritätszuschlag zu Buche schlägt statt mit dem persönlichen Einkommensteuersatz, der progressiv bis auf 42% bzw. 45% ansteigt.

All diese Überlegungen machen deutlich, dass die intelligente Investition von Kapital zur Erzielung von zusätzlichen Einnahmen ein unverzichtbarer Baustein zum Aufbau eines größeren Vermögens ist. Das gilt insbesondere unter dem Blickwinkel der Begrenzung der Steuerbelastung. Also kann man hier gleich auf zwei der drei entscheidenden Baustellen punkten.

I. Kapitalanlagen in Immobilien

Nehmen wir als Beispiel eine Investition in vermietete Wohnungen. Viele Vermögensberater predigen seit Jahren, dass Immobilien in jedes gute Investmentportfolio gehören. Ich halte diesen Rat für richtig und habe dem Thema sogar ein vollständiges Buch gewidmet.[48] Wer dieser Empfehlung bereits vor Jahren gefolgt ist und die richtigen Immobilien gekauft hat, kann sich aktuell nicht nur über hohe Wertzuwächse der Immobilien freuen, sondern auch über hohe Eigenkapitalrenditen aufgrund des günstigen Verhältnisses von gestiegenen Mieten und gefallenen Darlehenszinsen.

Warum aber sind Immobilien so lukrativ und wie genau geht man vor, um in Immobilien zu investieren? Bei der Entscheidungsfindung über den Kauf einer Immobilie als Renditeobjekt müssen Sie zunächst einmal Überlegungen anstellen zur möglichen Rentabilität. Eine zumindest überschlägige Berechnung der erzielbaren Rendite ist ein erster Informationsbaustein für die Entscheidung. Die mit einer Immobilie erzielbare Rendite hängt von verschiedenen Eckdaten ab. Dazu gehören als wichtigste Faktoren der Einkaufspreis und die erzielbare Miete pro Jahr. Mit der Rendite ist dabei die Verzinsung

---

[48] Ich verweise dazu auf mein Buch „**Geld verdienen mit Wohnimmobilien: Erfolg als privater Immobilieninvestor**". Das Buch finden Sie bei Amazon unter dem folgenden Kurzlink: http://amzn.to/22FkyNs

des eingesetzten Kapitals pro Jahr gemeint, die aus Mieteinnahmen erwirtschaftet wird. Wie Sie die mögliche Rendite einer Immobilie aus den verfügbaren Eckdaten Schritt für Schritt selbst errechnen können, werde ich Ihnen nachfolgend erklären.

1. Errechnung der Rendite

Zunächst müssen Sie die **Anschaffungskosten** der Immobilie ermitteln. Dazu gehört selbstredend der zu bezahlende Kaufpreis. Darüber hinaus sind weitere Kosten zu berücksichtigen, die einmalig beim Kauf anfallen und als Kaufnebenkosten bezeichnet werden: Grunderwerbsteuer (zwischen 3,5% und 6,5% des Kaufpreises),[49] ggf. Maklerprovision sowie die Kosten für die notarielle Beurkundung des Kaufvertrages und der Eigentumsumschreibung im Grundbuch (zusammen ca. 1,5% des Kaufpreises). Zusammenfassend kann man festhalten, dass die Anschaffungskosten sich wie folgt zusammensetzen:

- Kaufpreis
- Grunderwerbssteuer
- Notarkosten und Kosten für Umschreibung des Grundbuches
- Ggf. Maklerprovision

---

[49] Die Grunderwerbsteuer ist in jedem Bundesland unterschiedlich hoch. Die Spanne reicht von 3,5% bis zu 6,5% des Kaufpreises.

Wenn Sie eine Maklerprovision von beispielsweise 4% (inkl. MWSt.) zahlen müssen und die Immobilie in einem Bundesland mit 6,5% Grunderwerbssteuer (z.B. Nordrhein-Westfalen) liegt, ergeben sich daraus insgesamt Kaufnebenkosten in Höhe von 12% des Kaufpreises (= 4% + 6,5% + 1,5%).

Der zweite Wert für die Ermittlung der möglichen Rendite ist die **Jahresnettomiete**. Damit ist die Miete ohne die Nebenkosten gemeint. Die Nebenkosten, die auf den Mieter abgewälzt werden, stellen natürlich keinen Ertrag des Vermieters dar, sondern nur durchgereichte Betriebskosten. Deshalb setzen Sie nur die Nettomiete ohne die Nebenkosten an. Dabei ist wichtig, dass Sie die nachhaltig und auch langfristig erzielbare Jahresnettomiete ansetzen. Ist die Immobilie nicht vermietet, so müssen Sie die erzielbare Miete aus anderen Quellen ableiten wie z.B. dem Mietspiegel der Stadt, in der die Immobilie liegt.

Aus diesen beiden Werten (Anschaffungskosten und Jahresnettomiete) lässt sich nun die mögliche Rendite der Immobilie mit der folgenden Formel errechnen:

$$\frac{\textbf{Jahresnettomiete}}{\textbf{Anschaffungskosten}} = \textbf{Rendite}$$

Ich möchte Ihnen das anhand eines Beispiels vorrechnen.

Kaufpreis Mehrfamilienhaus mit 4 Wohnungen:	€ 300.000
Kaufnebenkosten (12 %):	€ 36.000
Summe Anschaffungskosten:	€ 336.000
Jahresnettomiete:	€ 24.000
=> Rendite p.a.: (= € 24.000 / € 336.000)	7,14 %

Die Berechnung nach dieser einfachen Formel liefert Ihnen bereits eine überschlägige Einschätzung der möglichen Rentabilität der Immobilie. Sie lässt sich bei vermieteten Immobilien einfach berechnen, weil die konkret vereinbarte Miete aus den Mietverträgen bekannt ist.

Allerdings ist die so errechnete Rendite ein relativ grober Wert, der noch verfeinert werden muss. Vielleicht ahnen Sie schon, welche Umstände bei der Berechnung bisher ausgeblendet worden sind: Die Instandhaltungskosten. Denn Sie sind aus dem Mietvertrag gegenüber dem Mieter verpflichtet sind, die Immobilie in einem gebrauchsfähigen Zustand zu halten.[50] Davon abgesehen haben Sie als Eigentümer natürlich auch ein Eigeninteresse, für den Substanzerhalt und Werterhalt der Immobilie zu sorgen und erforderliche Reparaturen und Instandsetzungen durchzuführen. Die Höhe der jährlich zu

---

[50] Das ist den §§ 535 ff. Bürgerliches Gesetzbuch (BGB) geregelt.

veranschlagenden Instandhaltungskosten hängt natürlich auch vom Alter und Zustand der Immobilie ab. Wenn Sie einen Altbau mit frisch erneuertem Dach, neuen Fenstern komplett sanierter Hauselektrik kaufen, so ist natürlich mit anderen Werten für erwartete Instandhaltungskosten zu rechnen als wenn Sie einen Altbau erwerben, bei dem diese Maßnahmen noch nicht durchgeführt worden sind und in absehbarer Zeit noch anstehen. Für überschlägige Berechnungen ist es möglich, Durchschnittswerte anzusetzen, die sich aus langjähriger Erfahrung für den Normalfall ergeben. Mit einem Durchschnittswert von 10 bis 14 € pro m^2 und Jahr kann man durchaus realistisch rechnen. Bei dieser Berechnung behalten Sie natürlich im Hinterkopf, dass ein überdurchschnittlich guter oder schlechter baulicher Zustand der Immobilie eine Modifizierung der Durchschnittswerte für Instandhaltungskosten erfordert. Alternativ ist es möglich und im Ergebnis wohl naheliegender, den aktuell anstehenden Instandsetzungsaufwand beim Ankauf der Immobilie überschlägig zu quantifizieren und als weiteren einmaligen Zuschlag den Anschaffungskosten hinzuzurechnen.

Darüber hinaus ist die Jahresnettomiete um die nicht umlagefähigen Verwaltungskosten zu reduzieren. Sie können nämlich im Mietvertrag nicht alle Nebenkosten auf den Mieter abwälzen. Die Verwaltungskosten sind neben den Instandhaltungskosten der zweite Kostenblock, den Sie als Vermieter selbst tragen müssen. Folglich haben diese Kosten Einfluss auf Ihre Rendite.

Wenn Sie nun die zu erwartenden Instandhaltungskosten und die nicht umlagefähigen Verwaltungskosten von der Jahresnettomiete abziehen, so wird sich der Wert für die Rendite nach unten korrigieren. Ich möchte Ihnen das an der Weiterentwicklung des obigen Beispiels verdeutlichen:

Kaufpreis Mehrfamilienhaus mit 4 Wohnungen:	€ 300.000
Kaufnebenkosten (12 %):	€ 36.000
Summe Anschaffungskosten:	€ 336.000
Jahresnettomiete:	€ 24.000
Wohnfläche:	250 m²
Instandhaltungskosten p.a. (€ 10 pro m²):	€ 2.500.
Verwaltungskosten p.a. (€ 240 pro Wohnung):	€ 960
=> angepasste Jahresnettomiete:	€ 20.540
=> Rendite p.a.: (= € 20.540 / € 336.000)	6,11%

Wie Sie sehen, hat sich die Rendite durch Berücksichtigung der durchschnittlichen Instandhaltungskosten und der nicht auf den Mieter umlegbaren Verwaltungskosten bereits um ca. 1% nach unten entwickelt. Die so errechnete Rendite ist schon ein sehr aussagekräftiger Wert.

2. Vervielfältiger

Die Rendite einer Immobilie sagt etwas über den Ertrag aus, den die Immobilie pro Jahr abwirft. Wenn man den jährlichen Mietertrag zu den Anschaffungskosten ins Verhältnis setzt, dann ergibt sich daraus der so genannte Vervielfältiger oder Multiplikator.

$$\frac{\text{Anschaffungskosten}}{\text{Jahresnettomiete}} = \text{Vervielfältiger}$$

Dieser Wert gibt an, wie viele Jahre es dauert, bis Sie als Immobilieninvestor das eingesetzte Kapital für die Anschaffung der Immobilie über Mieteinnahmen wieder erwirtschaften. Manche bezeichnen diesen Wert auch als Einkaufsfaktor oder Kapitalisierungsfaktor. Alle Begriffe meinen das gleiche und werden synonym verwendet.

Der Vervielfältiger sagt etwas über den Wert und die Wertschätzung der Immobilie durch den Markt aus. Bei einem Vervielfältiger von 14 würde es (vereinfacht ausgedrückt) also 14 Jahre dauern, bis die Anschaffungskosten über Mieteinnahmen wieder hereingeholt sind.

Kaufpreis Mehrfamilienhaus mit 4 Wohnungen:	€ 300.000
Kaufnebenkosten (12 %):	€ 36.000
Summe Anschaffungskosten:	€ 336.000
Jahresnettomiete:	€ 24.000
=> Vervielfältiger: (= € 336.000 / € 24.000)	14

Der Vervielfältiger ist eine Größe, die mit der Lage und Bauqualität der Immobilie zusammenhängt: Gute Lage und gute Bauqualität = hoher Vervielfältiger und schlechte Lage und schlechte Bauqualität = niedriger Vervielfältiger. Der Kehrwert des Vervielfältigers stellt die jährliche Rendite dar. Ein Vervielfältiger von 14 entspricht damit einer Rendite von 7,14% p.a. (= 1/14). Die folgende Tabelle weist beispielhaft die Werte der Renditen für bestimmte Vervielfältiger aus:

Vervielfältiger	Rendite
25	4%
20	5%
16,7	6%
14,3	7%

12,5	8%
11,1	9%
10	10%
9,1	11%
8,3	12%

Aus den Zahlen dieser Tabelle wird sofort ersichtlich, dass die Rendite bei einem hohen Vervielfältiger sinkt und bei einem niedrigen Vervielfältiger steigt. Diese Zahlen sagen damit Folgendes aus: Bei guten Immobilien in guten Lagen ist die Rendite wegen des geringeren Risikos von Leerstand niedriger, während sie bei schlechten Immobilien in schlechten Lagen wegen des höheren Risikos von Leerstand höher ausfällt. Bei Immobilien gelten mithin die gleichen Regeln wie für Kapitalanlagen im Allgemeinen: Eine hohe Rendite indiziert ein hohes Risiko und eine niedrige Rendite indiziert ein niedriges Risiko.

3. Vor- und Nachsteuerrendite

Die oben im Abschnitt 1. errechnete Rendite ist noch kein endgültiger Wert, da weder Steuern, noch die in aller Regel anfallenden Kreditzinsen berücksichtigt sind.

Es handelt sich insoweit um eine **Vorsteuerrendite** bei Unterstellung einer Vollfinanzierung mit Eigenkapital.

Die Berechnung einer **Nachsteuerrendite** unter Einbeziehung von Steuern ist komplizierter und hängt zudem vom persönlichen Einkommensteuersatz des Immobilieninvestors ab. Darüber hinaus sind bei der Errechnung der Nachsteuerrendite die Abschreibungen für Abnutzung (AfA) zu berücksichtigen, aus denen sich im Regelfall Steuervorteile ergeben.

4. Eigenkapitalrendite

Die Eigenkapitalrendite ist ein sehr interessantes Thema für Immobilieninvestoren. Damit ist die jährliche Verzinsung des eingesetzten Eigenkapitals gemeint.

Wenn die Immobilie zu 100% mit Eigenkapital und ohne einen Darlehensanteil finanziert wird, entspricht die Eigenkapitalrendite exakt der oben im Abschnitt 1. errechneten Mietrendite. Wenn die Renditeimmobilie jedoch - wie üblich - mit einem recht hohen Darlehensanteil finanziert wird, dann hat das positive Auswirkungen auf die Rendite des eingesetzten Eigenkapitals. Besonders erfreulich sind diese Auswirkungen, wenn der Darlehenszins deutlich niedriger ist als die Mietrendite, weil das die Eigenkapitalrendite besonders kräftig nach oben hebelt. Am besten lässt sich das an einem Beispiel demonstrieren.

Kaufpreis Mehrfamilienhaus mit 4 Wohnungen:	€ 300.000
Kaufnebenkosten (12 %):	€ 36.000
Summe Anschaffungskosten:	€ 336.000
Jahresnettomiete:	€ 24.000
Wohnfläche:	250 m²
Instandhaltungskosten p.a. (€ 10 pro m²):	€ 2.500.
Verwaltungskosten p.a. (€ 240 pro Wohnung):	€ 960
=> angepasste Jahresnettomiete:	€ 20.540
=> Rendite p.a.: (= € 20.540 / € 336.000)	6,11%

Finanzierung:	
50% Eigenkapital:	€ 168.000
50% Bankdarlehen zu 2,5 % Zinsen p.a:	€ 168.000
=> Darlehenszinsen p.a.:	€ 4.200
=> Ertragsrechnung:	
Jahresnettomiete	€ 20.540
./. Darlehenszinsen	€ 4.200
Differenz:	€ 16.340
=> Eigenkapitalrendite: p.a. (= € 16.340 / € 168.000)	9,73%

Wie Sie an diesem Beispiel sehr schön sehen können, steigt die jährliche Eigenkapitalrendite durch die Hebelung mit einem hälftigen Darlehensanteil von 6,11% auf 9,73% an. Das ist für den Investor eine tolle Sache. Er muss weniger von seinem Eigenkapital einsetzen, weil er einen Teil des Kapitalbedarfs mit einem Bankdarlehen abdeckt und erhält als Belohnung noch eine höhere Rendite auf das eingesetzte Eigenkapital. Darüber hinaus kann man als Investor seinen Aktionsradius durch Einsatz von Bankdarlehen erhöhen, d.h. man kann größere und mehr Immobilien kaufen als es allein mit dem Eigenkapital möglich wäre. Richtig interessant wird es, wenn der Darlehensanteil deutlich höher gewählt wird als 50%. Rechnen wir das obige Beispiel mit einem Darlehensanteil von 80% und einem Eigenkapitalanteil von 20% noch einmal durch:

Finanzierung:	
20% Eigenkapital:	€ 67.200
80% Bankdarlehen zu 2,5 % Zinsen p.a:	€ 268.800
=> Darlehenszinsen p.a.:	€ 6.720
=> Ertragsrechnung:	
Jahresnettomiete	€ 20.540
./. Darlehenszinsen	€ 6.720
Differenz	€ 13.820
=> Eigenkapitalrendite: p.a. (= € 13.820 / € 67.200)	20,57%

Geben Sie zu, dass Sie erstaunt sind und nicht für möglich gehalten haben, dass aus einer Mietrendite von 6,11% über die Hebelung mit einer Darlehensfinanzierung eine Eigenkapitalrendite von über 20% geworden ist!

Diese Erkenntnisse sind in mehrfacher Hinsicht gute Nachrichten für Sie als Immobilieninvestor: Sie können auch mit einem überschaubaren Eigenkapital eine größere Investition stemmen und darüber hinaus können Sie die Eigenkapitalverzinsung auf ein sehr hohes Niveau hebeln. Und das ist nur die Anfangsrendite. Wenn Sie die weiter unten im Abschnitt 6. a) beschriebene Mietsteigerungsstrategie konsequent verfolgen, lässt sich diese Rendite im Laufe der Zeit noch steigern. Wenn Sie die Immobilie gut auswählen und günstig einkaufen, kann darüber hinaus beim Verkauf noch ein steuerfreier Veräußerungsgewinn[51] hinzukommen, der die Gesamtrendite nachträglich noch einmal verbessern kann. Ich hoffe, dass ich Sie jetzt so weit habe, dass Sie sich sagen: „Verdammt noch mal! Das will ich auch."

Und trotzdem sind Sie vielleicht noch ein wenig skeptisch und fragen sich, wo der Haken an der Sache ist. Sie denken vielleicht, dass ich eine Information unterschlagen habe und irgendwas nicht stimmen kann bei der Rechnung. Sie haben Recht. Ich habe tatsächlich etwas unterschlagen. Aber die Rechnung stimmt trotzdem. Was ich unterschlagen habe, ist die Tilgung des Darle-

---

[51] Ich verweise dazu auf die Ausführungen weiter unten in Abschnitt 5.

hens, die aus den Mieteinnahmen geleistet werden muss. Wenn wir annehmen, dass das Darlehen mit 2,5% pro Jahr getilgt wird, dann reduziert sich bei dem Beispiel der freie Cash-Flow nochmals um **€ 6.720** Tilgung. Dann sind von dem Betrag von **€ 13.820** noch **€ 6.720** abzuziehen und es bleibt insgesamt noch ein Betrag in Höhe von **€ 7.100** übrig. Allerdings stellt die Tilgung des Darlehens kein verlorenes Geld dar, sondern eine Reduzierung des Darlehenskapitals und damit im Ergebnis einen Nettovermögenszuwachs für Sie. Denn die Reduzierung des Fremdkapitals und die Erhöhung des Eigenkapitals bewirkt eine Vermehrung des Nettovermögens. Daher ist die oben angestellte Berechnung der Eigenkapitalrendite zutreffend, die das in die Tilgung geflossene Geld nicht als Kostenblock ausweist. Das heißt, dass es keinen Rechenfehler gibt und die Eigenkapitalrendite in dem Beispiel tatsächlich ertragswirksam auf über 20% pro Jahr gehebelt worden ist.

Das waren jetzt für Sie eine ganze Menge ungewöhnliche und recht komplexe Informationen auf einmal. Über diese Dinge muss man in Ruhe nachdenken, bis man richtig begreift, wie genial das für einen Immobilieninvestor ist.[52] Wenn Sie Ihre ersten praktischen Erfahrungen auf diesem Gebiet machen, dann werden Ihnen diese Überlegungen so selbstverständlich in Fleisch und

---

[52] Zur Vertiefung empfehle ich Ihnen mein Buch mit dem Titel **„Geld verdienen mit Wohnimmobilien: Erfolg als privater Immobilieninvestor"**. Das Buch finden Sie bei Amazon unter dem folgenden Kurzlink: http://amzn.to/22FkyNs

Blut übergehen, dass Sie das nicht mehr als anstrengend empfinden, sondern als erhebend. Denn diese Zahlen bedeuten für Sie dann keine graue Theorie mehr, sondern reale Einnahmen und Belohnungen, die Sie sich erarbeitet haben.

5. Veräußerungsgewinne

Darüber hinaus haben bei langfristiger Betrachtung Wertsteigerungen einen Einfluss auf die Gesamtrendite einer Immobilieninvestition. Die Gesamtrendite kann sich am Ende beim Verkauf der Immobilie noch einmal erheblich verbessern durch Veräußerungsgewinne. Dabei kommt dem Immobilieninvestor zugute, dass Veräußerungsgewinne steuerfrei vereinnahmt werden können, wenn die Immobilie mindestens 10 Jahre lang im Privatvermögen gehalten worden ist. Die gute Nachricht ist daher, dass es bei geschickter Auswahl und Bewirtschaftung der Immobilie am Ende noch einen steuerfreien Zusatzgewinn geben kann. Wenn die Immobilie jedoch schlecht eingekauft worden ist, kann sich daraus am Ende des Tages auch ein Veräußerungsverlust ergeben, der die Rendite nach unten zieht. Es ist also unverzichtbar, auch über die langfristige Wertentwicklung einer Immobilie nachzudenken.

6. Die optimale Strategie für Renditeimmobilien

Sie haben jetzt schon einige grundlegende Dinge über die Beurteilung von Renditeimmobilien erfahren, die Sie in den Stand versetzen, sich zu einem Immobilienangebot eine schnelle und überschlägige Meinung zu bilden und zu entscheiden, ob Sie es auf die Seite legen oder weiter in Erwägung ziehen sollten. Damit wissen Sie schon deutlich mehr als die meisten Menschen, die ihr Leben lang nur für andere Menschen arbeiten und nichts anderes im Kopf haben als den Stundenlohn, den sie dafür erhalten. In den folgenden Abschnitten werde ich Sie tiefer in die Gedankenwelt eines Immobilieninvestors hineinführen.

Ein erfolgreicher Immobilieninvestor kauft nicht einfach irgendwelche Immobilien, die gut aussehen und sich in guten Lagen befinden. So schick eine Jugendstilfassade, Stuckdecken und kunstvoll gearbeitete Holzkassetten-Flügeltüren in 3,80 m hohen Räumen auch sein mögen. Diese Merkmale an sich sagen noch gar nichts über die Rentabilität einer Immobilie aus. Eine erfolgreiche Strategie ist vielmehr darauf ausgerichtet, ganz bestimmte Immobilien ausfindig zu machen, die mehr Ertrag versprechen als andere. Wie eine solche Strategie in den Grundzügen aussieht, erfahren Sie in den folgenden Abschnitten.

a) Mietrenditen mit Steigerungspotential

Ein erfolgreicher Immobilieninvestor interessiert sich nicht nur für den Ist-Zustand einer Renditeimmobilie und für die gegenwärtige Vermietung und die sich daraus ergebende Anfangsrendite. Vielmehr ist sein Blick auf eine mögliche Steigerung der Rendite gerichtet. Da die laufende Rendite mit der aktuellen Jahresnettomiete zusammenhängt, kann die Rendite nur erhöht werden, wenn die Miete erhöht wird. Vor diesem Hintergrund gleicht ein Immobilieninvestor für die Kaufentscheidung das Niveau der aktuellen Mieten mit den am Markt nachhaltig erzielbaren Mieten ab. Stellt er dabei fest, dass die gegenwärtig fließenden Mieteinnahmen bei der Zielimmobilie unter den marktüblichen Mieten liegen, dann ist das ein Umstand, der den Immobilieninvestor freut.

„Warum denn das?" höre ich Sie erstaunt fragen. *„Ich habe doch immer gelesen, dass Wohnungen möglichst gut vermietet sein sollen, damit sie ordentlich Profit abwerfen."* Grundsätzlich haben Sie ja Recht. Aber wenn Sie eine Immobilie kaufen, wird sich der Kaufpreis der Immobilie sehr stark nach den gegenwärtigen Mieteinnahmen richten, die mit einem Vervielfältiger multipliziert werden, um den angesessenen Marktwert zu ermitteln. Vor diesem Hintergrund ist es für Sie als Kaufinteressent gut, wenn die gegenwärtige Miete unter der potentiell erzielbaren Marktmiete liegt. Denn das kann Ihre Chance sein, die Immobilie unterhalb des Marktwertes einzukaufen, für den ja die aktuelle Miete eine wichtige Rolle spielt. Darüber hinaus bedeutet das, dass die aktuelle Rendite noch steigerungsfähig ist. Denn es gibt die Möglichkeit, Mieterhöhungen durchzusetzen, um die Miete

an die Marktmiete anzupassen.[53] Daraus kann sich die Chance ergeben, die Immobilie unter dem nachhaltigen und langfristigen Wert einzukaufen und mit einer Mieterhöhung nach dem Kauf die Rendite nach oben zu ziehen. Das sind genau die Immobilien, die ein kluger Investor sucht.

Der Vervielfältiger ist (wie wir oben gesehen haben) ein Wert, der von der Lage und vom Zustand der Immobilie abhängt und nicht von der aktuellen Vermietung. Aus dem Zusammenspiel mit einer Vermietung unter dem Marktwert kann sich daraus ein attraktiver Kaufpreis ergeben, der Spielraum für eine Wertentwicklung nach oben gibt durch Anhebung der Mieten nach Erwerb der Immobilie. Wie Sie sehen, ist ein Abgleich der nachhaltig erzielbaren Miete mit der tatsächlichen Miete einer zum Kauf angebotenen Immobilie sehr sinnvoll. Er lässt auch eine Aussage darüber zu, ob die anfängliche Rendite sich steigern lässt und damit (als Nebeneffekt) auch noch Wertsteigerungspotential eröffnet.

b) Chance auf Veräußerungsgewinne

Diese Überlegungen sind eine gute Überleitung zu unserem nächsten Thema. Der Kauf und die Bewirtschaftung einer Renditeimmobilie sind ein langfristiges

---

[53] Zur Vertiefung verweise ich in diesem Zusammenhang auf mein weiteres Buch mit dem Titel „**Vermietung & Mieterhöhung – Wegweiser zu Ihrem Erfolg**". Das Buch ist bereits in dritter Auflage erschienen. Sie finden es bei Amazon unter folgendem Link: http://amzn.to/22FlloI

Projekt. Wie langfristig? Ganz einfach: Mindestens 10 Jahre! Und zwar aus steuerrechtlichen Gründen. Denn Veräußerungsgewinne bei Renditeimmobilien können steuerfrei vereinnahmt werden, wenn die Immobilie mindestens 10 Jahre lang im Privatvermögen gehalten worden ist.

Was sollten Sie in diesen 10 Jahren tun? Auf jeden Fall sollten Sie die Mieten kassieren und versuchen, Leerstand zu vermeiden. Für eine nachhaltige und intelligente Wertentwicklungsstrategie sollten Sie darüber hinaus aber noch mehr tun: Sie sollten in jedem Fall bei einem Mieterwechsel und bei einer Neuvermietung der Wohnung die Mieten erhöhen. Bei einer Neuvermietung sollten Sie darauf achten, vorteilhafte Regelungen für Sie als Vermieter zu vereinbaren, die künftige Mieterhöhungsmöglichkeiten auch ohne Mieterwechsel in größtmöglichem Umfang sicherstellen.[54] Denkbar sind z.B. Staffelmietvereinbarungen oder Indexmietvereinbarungen, die künftige Mietsteigerungen an die allgemeine Preissteigerungsrate des Statistischen Bundesamtes koppeln.

Darüber hinaus ist an Mietsteigerungsmöglichkeiten in laufenden Mietverträgen zu denken, wenn die aktuelle Miete unterhalb der ortsüblichen Vergleichsmiete

---

[54] Zur Vertiefung verweise ich in diesem Zusammenhang auf mein weiteres Buch mit dem Titel „**Vermietung & Mieterhöhung – Wegweiser zu Ihrem Erfolg**". Sie finden das Buch bei Amazon unter dem folgenden Link: http://amzn.to/22FlloI

liegt. Denn auch ohne einen Mieterwechsel ist die Erhöhung der Miete möglich. Allerdings hängen die Möglichkeiten dann stark von der Marktlage ab, die sich im Mietspiegel oder in der aktuellen Marktmiete für vergleichbare Wohnungen ausdrückt.[55] Durch diese Maßnahmen erreichen Sie, dass Sie die Mieteinnahmen für die Immobilie in einem Zeitraum von 10 Jahren erheblich steigern können, was die laufende Rendite nach oben zieht. Darüber hinaus ziehen Sie so mit der Jahresnettomiete auch eine entscheidende Rechengröße für den Verkaufspreis mit nach oben. Denn der Kaufpreis einer Immobilie ergibt sich ja aus den jährlichen Nettomieteinnahmen und dem Vervielfältiger.

Noch einmal zur Verdeutlichung die relevanten Formeln:

Verkaufspreis[56]

= Vervielfältiger x Jahresnettomiete

---

[55] Ich verweise dazu auf § 558 des Bürgerlichen Gesetzbuches (BGB) und auf die ausführlichen Erklärungen in meinem weiteren Buch mit dem Titel „**Vermietung & Mieterhöhung – Wegweiser zu Ihrem Erfolg**". Sie finden das Buch bei Amazon unter dem folgenden Link: http://amzn.to/22FlloI

[56] **Hinweis**: Bei der Anschaffung der Renditeimmobilie werden die Kaufnebenkosten (Grunderwerbssteuer, Notarkosten, Maklerkosten) in die Berechnung eingestellt. Beim Verkauf werden sie fortgelassen, weil die Kaufnebenkosten nicht den Verkäufer belasten, sondern den Käufer.

< = >

$$\frac{\text{Verkaufspreis}}{\text{Jahresnettomiete}} = \text{Vervielfältiger}$$

Eine wirklich intelligente Wertsteigerungsstrategie geht aber noch weiter und nimmt auch den Vervielfältiger als zweite wesentliche Rechengröße für den Marktwert und den erzielbaren Verkaufspreis einer Immobilie in den Blick: Wie wir oben erfahren haben, hängt der Vervielfältiger von der **Lage** und vom **baulichen Zustand** der Immobilie ab. Je besser die Lage und der bauliche Zustand sind, desto höher der Vervielfältiger. An der Lage selbst können wir natürlich nichts mehr ändern. Wenn Sie eine geschickte Standortwahl getroffen haben und die Entwicklung Ihnen in die Hände spielt, entwickelt sich das Umfeld der Immobilie positiv und zieht damit den Vervielfältiger nach oben. Darauf haben Sie jedoch keinen Einfluss mehr, nachdem die Standortwahl getroffen und der Kauf getätigt ist.

Sie haben als Investor aber sehr wohl die Möglichkeit, den **baulichen Zustand** der Immobilie zu optimieren und damit den Vervielfältiger im Bewirtschaftungszeitraum positiv zu beeinflussen. Das können Sie z.B. bewerkstelligen, indem Sie vor der Neuvermietung einer freiwerdenden Wohnung in Ihrem Haus eine Renovierung vornehmen. Das hat den positiven Nebeneffekt, dass Sie eine Wohnung mit einem sanierten Bad und erneuertem Fußbodenbelag (z.B. Natursteinfliesen oder Laminat) auch zu einem höheren Preis vermieten können. Dabei ist eine Abwägung zu treffen zwischen den Kosten der Renovierung und dem Nutzen durch höhere Erträge. Da Sie die Kosten für Renovierungsmaßnahmen bei vermieteten Immobilien von der Steuer absetzen können, ist der tatsächliche Aufwand dafür viel geringer als bei einer Renovierung einer eigengenutzten Immobilie. In aller Regel rechnen sich solche Maßnahmen daher relativ schnell und machen sich beim Verkauf der Immobilie noch einmal positiv bemerkbar durch einen höheren Vervielfältiger und folglich einen höheren Verkaufspreis.

Nachdem Ihnen diese Zusammenhänge nun klar geworden sind, werden Sie nicht mehr allzu überrascht sein, wenn ich Ihnen verrate, dass ein kluger Investor besonders nach solchen Immobilien Ausschau hält, die sich mit vertretbarem Aufwand, aber optisch durchschlagender Wirkung baulich verbessern lassen, weil auch das Wertsteigerungspotential in sich birgt. Im Idealfall sind sehr teure und für den Mieter weniger sichtbare Maßnahmen wie z.B. Dachsanierungen, Sanierung der Hauselektrik u. ä. bereits erfolgt und es bleiben nur noch Maßnahmen übrig, die weniger teuer sind, aber optisch einen durchschlagenderen Effekt haben. Zu solchen Maßnahmen gehören z.B. eine Badsanierung und die Erneuerung der Fußböden.

c) Möglichst niedrige Steuern

Sicherlich haben Sie auch schon gehört, dass Leute Immobilien kaufen, um Steuern zu sparen. Und in der Tat ist die Immobilie eine Kapitalanlage, die steuerlich außerordentlich interessant ist. Dabei ist die Strategie des klugen Investors natürlich darauf ausgerichtet, möglichst wenig Steuern zu zahlen. Von daher erklärt sich, dass eine Immobilie mindestens 10 Jahre gehalten und bewirtschaftet werden sollte, um die Versteuerung eines Veräußerungsgewinns zu vermeiden.

Steuervorteile ergeben sich bei Renditeimmobilien auch aus der großzügig gewährten Berücksichtigung von Werbungskosten: Zu den abziehbaren Werbungskosten gehören die **Abschreibungen für Abnutzung (AfA)**. Dabei handelt es sich um einen pauschalen Ansatz einer Wertminderung des Gebäudes aufgrund von Abnutzung der Bausubstanz im Laufe der Zeit. Die AfA wird jährlich in Höhe eines Prozentsatzes der Anschaffungs- bzw. Herstellungskosten **des Gebäudes** (ohne Grundstück) angesetzt. Für die Besteuerung wird (bis auf wenige Ausnahmen) eine Nutzungsdauer des Wohngebäudes von 50 Jahren zugrunde gelegt. Daraus ergibt sich für den Normalfall der Abschreibungssatz von 2% jährlich.

Darüber hinaus können tatsächlich aufgelaufene Instandhaltungskosten angesetzt werden, und zwar in dem Jahr, in dem diese angefallen sind. Lassen Sie uns an dieser Stelle kurz innehalten und uns die Frage stellen, wozu es noch die oben besprochene AfA gibt, wenn doch bereits die tatsächlich aufgelaufenen Instandhaltungskosten von der Steuer abgesetzt werden können. Eigentlich ist das ja eine Dopplung von Werbungskosten. Denn die AfA stellt ja einen pauschalen Ansatz einer Wertminderung der Bausubstanz durch Verschleiß dar und die tatsächlichen Instandhaltungskosten stellen die konkreten Kosten für die Erneuerung von altersbedingt erneuerungsbedürftiger Bausubstanz dar. Also handelt es sich eigentlich um ein und dasselbe. Durch die Kombination der Absetzbarkeit von tatsächlich aufgelaufenen Instandsetzungskosten **und** pauschalisierter AfA erfahren Vermieter eine Privilegierung in Form einer Verdopplung von Werbungskosten. Hier sehen wir deutlich die Handschrift des Gesetzgebers, der Eigentümer von Renditeimmobilien privilegiert. Diese Steuervorteile sollten Sie sich nicht entgehen lassen. Die Reichen und Mächtigen tun das auch nicht. Sie investieren seit eh und je in Immobilien und nutzen die Steuerprivilegien gnadenlos aus. Das ist einer der Gründe, warum sie heute reich sind und nicht arm.

An dieser Stelle möchte ich ein wichtiges Kriterium für die Steuerstrategie erwähnen, welches häufig übersehen wird: Wenn innerhalb der ersten 3 Jahre nach der Anschaffung Renovierungen durchgeführt werden, die einen Umfang von 15% der Anschaffungskosten[57] für den Gebäudeanteil übersteigen (= sogenannter **anschaffungsnaher Aufwand**), hat das erhebliche steuerliche

---

[57] Dabei wird auf die Nettopreise der Renovierungskosten abgestellt.

Nachteile zur Folge. Sie dürfen dann die Renovierungskosten nicht sofort als Werbungskosten von der Steuer absetzen, sondern diese werden den Anschaffungskosten des Gebäudes zugerechnet und können nur in Höhe der Abschreibung (in der Regel 2% pro Jahr) angesetzt werden. Es wäre daher kritisch, wenn absehbar ist, dass ein derart heftiger Reparaturstau besteht, dass zwingend innerhalb der ersten 3 Jahre Instandsetzungsmaßnahmen im Umfang von mehr als 15% der Gebäudekosten erforderlich werden, um die Immobilie in einen vermietbaren Zustand zu versetzen oder in einem solchen Zustand zu halten.

Das war aber noch längst nicht alles. Es gibt noch mehr Steuervorteile für Immobilieninvestoren: Schöne Geschenke sind im Erbschaft- und Schenkungsteuerrecht für wohlhabende Immobilieneigentümer versteckt:[58]

Eine intelligente Übertragung von Immobilienvermögen auf die nachfolgende Generation kann sehr hohe Einsparungen bei der Erbschaft- und Schenkungsteuer generieren und als nützlichen Nebeneffekt zusätzliche

---

[58] Ich verweise in diesem Zusammenhang auf mein weiteres Buch mit dem Titel „**Immobilien steueroptimiert verschenken & vererben**". Sie finden darin Gestaltungsmöglichkeiten erklärt, um Erbschaft- und Schenkungsteuern zu sparen und darüber hinaus den Schenker einer Immobilie optimal für das Alter abzusichern. Das Buch finden Sie unter dem folgenden Kurzlink: http://amzn.to/2cAaoPs

Einsparungen bei der Einkommensteuer. Bei sehr großen Vermögen werden häufig bereits zu Lebzeiten Immobilien durch Schenkung auf Kinder und Enkel übertragen. Dabei wird der Umstand ausgenutzt, dass der persönliche Freibetrag für Schenkungen und Erbschaften alle 10 Jahre erneut und damit im Ergebnis mehrfach ausgenutzt werden kann. Am besten kann man diesen Effekt an einem Beispiel erklären.

Beispiel:

Der Witwer und private Immobilieninvestor Eduard Reich hat in seinem Leben erfolgreich in Wohnimmobilien investiert und insgesamt 4 Mietwohnhäuser gekauft und vollständig entschuldet. Diese haben einen Verkehrswert von insgesamt € 2.400.000 (2 x € 400.000 und 2 x € 800.000). Weiteres Vermögen hat er nicht.

Er hat 2 Kinder im Alter von 40 und 45 Jahren und denkt über eine Strategie nach, um seinen Kindern bei seinem Ableben in größtmöglichem Umfang Erbschaftsteuer zu ersparen. Dabei fällt ihm ein, dass er bei einer Schenkung Freibeträge mehrfach ausnutzen kann.

Werfen wir zunächst einen Blick auf die anfallenden Erbschaftsteuern, wenn Eduard keine Schenkungen durchführt und einfach die Kinder zu je ½ Erben werden. Jedes der beiden Kinder würde Immobilien im Wert von € 1.200.000 erben. Für im Privatvermögen gehaltene und vermietete Wohnimmobilien dürfen 10% vom Wert abge-

zogenen werden.⁵⁹ Das wären bei jedem Erben € 120.000, so dass ein Wert von € 1.080.000 verbleibt. Dafür kann nun der Freibetrag in Höhe von € 400.000 von jedem Kind in Anspruch genommen werden. Dann verbleibt ein steuerpflichtiger Erbschaftswert in Höhe von € 680.000 pro Kind. Darauf fallen Erbschaftssteuern in Höhe von 19% (= € 129.200) pro Kind an. In der Summe fallen somit insgesamt € 258.400 Erbschaftssteuern an.

Das ist ziemlich viel Geld und es lohnt sich, über eine Strategie zur Absenkung der Steuern nachzudenken. Das findet Eduard auch und schenkt daher jedem seiner beiden Kinder eines der beiden Mehrfamilienhäuser, die einen Wert von € 400.000 haben. Diese Schenkung überschreitet nicht den Freibetrag von € 400.000 pro Kind und ist daher schenkungssteuerfrei.

Unterstellen wir weiter, dass Eduard 12 Jahre später stirbt und dann die weiteren beiden Häuser an die Kinder als Erben fallen. Dann sieht die Rechnung der fälligen Erbschaftsteuer wie folgt aus: Pro Kind ergibt sich ein Erbschaftswert von € 800.000, der um 10% gekürzt werden darf,⁶⁰ was dann € 720.000 pro Kind ergibt. Darauf kann erneut ein Freibetrag in Höhe von € 400.000 in Anspruch genommen werden, so dass sich pro Kind eine steuerbare Erbschaft mit einem Wert von € 320.000

---

[59] Ich verweise dazu auf § 13c ErbStG.

[60] Gemäß § 13c ErbStG sind im Privatvermögen gehaltene und vermietete Wohnimmobilien nur mit 90% des ermittelten Marktwertes anzusetzen.

ergibt. Darauf fällt eine Erbschaftssteuer in Höhe von 15% (= € 48.000) pro Kind an. Das stellt im Vergleich zu € 129.200 schon eine erhebliche Ersparnis dar.

Unterstellen wir nun eine andere Weiterentwicklung des Beispiels: Eduard stirbt nicht 12 Jahre nach der Schenkung der beiden Häuser an seine Kinder, sondern schenkt seinen Kindern zu diesem Zeitpunkt eine weitere Immobilie im Wert von € 800.000 zu je ½ und stirbt erst 11 Jahre nach dieser weiteren Schenkung. Diese zweite Schenkung löst - genau wie die erste - keine Schenkungsteuer aus, weil der Wert unterhalb des Freibetrages von € 400.000 pro Kind liegt. Da seit der ersten Schenkung bereits mehr als 10 Jahre vergangen sind, kann der Freibetrag erneut ausgenutzt werden. Erst 11 Jahre später stirbt Eduard und jetzt erben die Kinder das letzte der 4 Häuser mit einem Wert von € 800.000. Diese Erbschaft ist erbschaftsteuerfrei, weil der Wert sich wiederum unterhalb des Freibetrages von € 400.000 bewegt. Der Freibetrag kann somit ein drittes Mal in Anspruch genommen werden, weil seit der letzten Schenkung mehr als 10 Jahre vergangen sind. In diesem Fall spart jedes Kind insgesamt € 129.200 Erbschaftssteuer. Wie Sie sehen, hat es sich in diesem Beispielsfall richtig gelohnt, über eine Strategie zur Absenkung der Erbschaftssteuer nachzudenken.

Darüber hinaus gibt es die ganz legale Möglichkeit, den Wert von geschenkten Immobilien für die Erbschaft- und Schenkungsteuer nach unten zu frisieren. Das Zauberwort dafür heißt „**Vorbehaltsnießbrauch**". Was genau ist denn ein Vorbehaltsnießbrauch und welche Vor- und Nachteile hat er? Der Vorbehaltsnießbrauch ist das Recht zur Fruchtziehung, d.h. zur wirtschaftlichen Nutzung der Immobilie (z.B. durch Vermietung) auch für die Zeit nach Übertragung des Eigentums auf den Beschenkten. Dieses Recht wird im Grundbuch eingetragen und gilt in der Regel auf Lebenszeit des Schenkers. Es wirkt wie eine dingliche Belastung des Grundstücks. So können das Eigentum am Grundstück und das Recht zur Vermietung getrennt werden. Vorteil einer solchen Konstruktion ist, dass der Schenker bis zu seinem Tod die Erträge aus Vermietung und Verpachtung behält und sogar die AfA des Gebäudes nutzen kann, obwohl er nicht mehr Eigentümer ist.[61] Vorteil für den Beschenkten ist, dass sich der steuerrelevante Wert der Schenkung erheblich reduziert, weil in Abhängigkeit vom Lebensalter des Schenkers der Wert der Belastung der Immobilie mit dem Nießbrauch abgezogen wird. Das kann die Erbschaftsteuerrechnung enorm reduzieren.

Der Vorbehaltsnießbrauch bringt darüber hinaus Vorteile bei der Einkommensteuer: Denn es ist sinnvoller, die Erträge aus Vermietung und Verpachtung bei der Generation der Rentner und Schenker zu belassen. Denn diese haben in aller Regel geringere Einkünfte als die

---

[61] Die Einzelheiten zu diesem Themenkomplex finden Sie in dem Schreiben des Bundesfinanzministeriums vom 30.09.2013 (Az IV C 1 – S 2253/07/10004) dargestellt. Das Schreiben ist abrufbar im Internet unter dem folgenden Kurzlink: https://goo.gl/k1s53t

noch im aktiven Arbeitsleben stehenden Kinder mit entsprechend höheren steuerpflichtigen Einkünften. Das bringt Steuervorteile, weil der Einkommensteuersatz progressiv ausgestaltet ist und mit steigendem Einkommen ansteigt. Mit der Konstruktion einer Schenkung unter Vorbehalt eines Nießbrauches besteht auch keine wirtschaftliche Motivation mehr, die Darlehensverbindlichkeiten auf den Beschenkten zu übertragen, weil der Schenker die Erträge aus der Vermietung der Immobilie behält und demnach auch die Darlehenszinsen steuerlich als Abzugsposten geltend machen kann.

Bei dieser Konstruktion haben sowohl der Schenker als auch der Beschenkte nur Vorteile. Einziger Verlierer ist das Finanzamt, weil es weniger Steuern einnimmt. Vermögende Menschen investieren daher besonders gerne in Immobilien, weil es kein besseres Instrument gibt, um bei der Vermögensübergabe an die nächste Generation Steuern zu sparen. Ich jedenfalls kenne keinen einzigen Millionär, der nicht mindestens eine Renditeimmobilie sein Eigen nennt.

d) Geringe Eigenkapitalbindung & Inflation

Aus den Ausführungen weiter oben im Abschnitt 4. konnten Sie die Erkenntnis mitnehmen, dass eine Darlehensfinanzierung für den Renditeimmobilienkauf viele Vorteile hat und, dass ein möglichst hoher Darlehensanteil sich positiv auf die Eigenkapitalrendite auswirkt. Daher sollten Sie insgesamt eine möglichst geringe Eigenkapitalbindung und einen hohen Darlehensanteil anstreben.

Neben der Hebelung der Eigenkapitalrendite durch einen hohen Darlehensanteil ergibt sich noch ein weiterer Vorteil aus der Inflation. Durch die Inflation wird nämlich das Darlehen verwässert, d.h. die Darlehensschuld reduziert sich durch Wertverfall des Geldes zwar nicht betragsmäßig, aber wertmäßig. Wenn Sie auf Einnahmenseite durch Mieterhöhungen sicherstellen, dass die Inflation nicht gegen Sie arbeitet, dann ergibt sich daraus für Sie als Investor zusätzlich ein vorteilhafter Effekt aus der Inflation.[62]

e) Risikosteuerung

Für eine intelligente Investmentstrategie ist auch eine Risikosteuerung wichtig. Es wäre aus Risikosicht nicht sinnvoll, alle Immobilienkäufe ausnahmslos zu 100% mit Bankdarlehen zu finanzieren. Das würde eine Bank auch nicht mitmachen. Spätestens beim zweiten Renditeimmobilienkauf mit einer 100%-Finanzierung würde die Bank aus Gründen der Risikobegrenzung eine Finanzierung verweigern. Von daher ist es im Regelfall unverzichtbar, einen gewissen Anteil Eigenkapital in die Finanzierung einzubringen, der nicht zu klein bemessen sein darf. Richtig ist auch, dass sich die Konditionen ei-

---

[62] Mir ist natürlich bewusst, dass wir uns derzeit aufgrund der europäischen Währungs- und Finanzkrise in einem ungewöhnlichen Marktumfeld befinden und daher eine recht niedrige Inflationsrate zu verzeichnen ist. Allerdings spricht vieles dafür, dass aufgrund der großen Zuflüsse der Geldmenge durch die Politik der EZB mittelfristig eine eher steigende als fallende Inflation zu erwarten ist.

nes Darlehens verschlechtern, wenn das Risiko für die Bank aufgrund eines sehr hohen Darlehensanteils steigt. Dieser Aspekt darf nicht außer Acht gelassen werden.

Es gibt zudem jemanden, der bei der Höhe des Darlehensanteils ein gewichtiges Wort mitzureden hat: Ihre Bank. Banken sind in der Regel nur bei guter Bonität eines Darlehensnehmers bereit, einen sehr hohen Darlehensanteil beim Immobilienkauf zu akzeptieren. Darüber hinaus legt die Bank Wert darauf, dass die Immobilie selbst werthaltig ist und einen hinreichend starken Cash-Flow generiert, aus dem die Darlehensraten und Bewirtschaftungskosten sicher bezahlt werden können. Wie hoch der Darlehensanteil genau sein darf, hängt also auch von der Werthaltigkeit und der Rentabilität der Immobilie ab. Die Bank bezeichnet den Zusammenhang zwischen der Rentabilität der Immobilie und der vertretbaren Höhe des Darlehensanteils mit dem Schlagwort **„Kapitaldienstfähigkeit"**.

Diese Vorsicht der Bank liegt darin begründet, dass sie ihre Risiken steuern und begrenzen muss. Das tut sie, indem sie nach Möglichkeit nur einen Bruchteil des Wertes der finanzierten Immobilie als Darlehen zur Finanzierung des Kaufes herauslegt und nicht 100%. Wenn es zu Leerstand und finanziellen Problemen kommt, kann die Bank so relativ sicher sein, dass sie bei der Verwertung der Immobilie (z.B. durch Zwangsversteigerung) ihr Geld vollständig zurückerhält, auch wenn der Kaufpreis hinter dem Marktwert zurückbleibt. Aus diesem Grund werden Sie nur im Ausnahmefall eine Darlehensfinanzierung zu 100% des Immobilienwertes erhalten. Des Weiteren ist zu bedenken, dass sich die Konditionen eines Bankdarlehens verschlechtern, wenn der Darlehensanteil extrem hoch gewählt wird. Denn die Darlehenszinsen enthalten auch einen Risikoaufschlag. Je höher das Risiko, desto höher fällt der Risikoaufschlag aus. Ein höherer Darlehenszins wiederum reduziert die Eigenkapitalrendite.

Da es nicht nur für die Bank, sondern auch für Sie selbst um eine Risikobegrenzung geht, ist die Vorgehensweise der Bank durchaus sinnvoll und auch in Ihrem Interesse. Denn auch für Sie als Investor steigen die Risiken, wenn der freie Cash-Flow aus den Mieteinnahmen nach Bedienung des Darlehens und nach Bestreitung der laufenden Instandhaltungskosten mikroskopisch klein wird. Denn dann kommen Sie bei auftretenden Schwierigkeiten (z.B. längerer Leerstand oder unerwartet hohe Reparaturkosten) sofort in Schwierigkeiten, was zu einem Notverkauf mit entsprechenden Nachteilen führen kann. Ziel des Immobilieninvestors ist es ja, dass sich die Investition von selbst trägt und nicht von außen Geld hinzugeschossen werden muss. Daher muss immer ein Sicherheitspuffer eingeplant werden und der Ertrag der Immobilie muss sicher ausreichen, um die Bewirtschaftungskosten und die Bedienung der Darlehensraten zu bestreiten.

Häufig stellen Leser mir die Frage, wie groß denn der Eigenkapitalanteil sein sollte. Der optimale Anteil hängt von diversen Umständen ab, die in jedem Einzelfall anders sind. Ein Anteil von 20% ist sicherlich ein guter Wert, der für die meisten Fälle zu einem ausgewogenen Chancen-Risiko-Profil im Hinblick auf die Finanzierung führt. Wenn die Immobilie sehr konservativ ausgewählt wird und über eine gute Lage und einen guten baulichen Zustand verfügt, dann dürfte auch ein höherer Darlehensanteil von bis zu 90% verantwortbar sein.

Der mit Abstand wichtigste Baustein einer guten Risikosteuerung für einen Investor ist jedoch die kritische Auswahl und die gründliche Prüfung der Immobilie vor dem Kauf.[63] In diesem Zusammenhang ist leider festzustellen, dass aufgrund der aktuell schwierigen Marktlage die Risiken für Immobilieninvestoren erheblich gestiegen sind. Das Chancen-Risiko-Profil hat sich aufgrund der teilweise ungesunden Preissteigerungen für Neuinvestitionen sehr ungünstig entwickelt. Das hängt auch damit zusammen, dass viele Eigenheimerwerber unvernünftig hohe Preise zahlen, die den ganzen Markt belasten.[64] Mitverantwortlich ist natürlich auch die Europäische Zentralbank, die durch die verantwortungslose Politik des billigen Geldes die Renditen auf Talfahrt geschickt hat. Ich kann nur den dringenden Rat geben,

---

[63] Zur Vertiefung empfehle ich Ihnen mein Buch mit dem Titel **„Geld verdienen mit Wohnimmobilien: Erfolg als privater Immobilieninvestor"**. Das Buch finden Sie bei Amazon unter dem folgenden Kurzlink: http://amzn.to/22FkyNs

[64] Ich verweise dazu auf meine Pressemitteilung vom 03.04.2017, die Sie unter dem folgenden Kurzlink im Internet abrufen können: https://goo.gl/SA6mt3

keine mikroskopisch kleinen Anfangsrenditen von mageren 2 – 3% zu akzeptieren. Selbst wenn Sie eine solche Rendite in den nächsten 10 Jahren mit einer günstigen Darlehensfinanzierung auf 5 – 6% Eigenkapitalrendite gehebelt bekommen, ist das noch lange keine gute Investition. Denn bei steigenden Zinsen kann die Hebelwirkung der Darlehensfinanzierung auch in die andere Richtung gehen. Die gehebelte Rendite kann sogar negativ werden, wenn die Zinsen in den nächsten 10 Jahren erheblich ansteigen und dann über der ungehebelten Mietrendite liegen. Ein solches Szenario ist gar nicht so unwahrscheinlich, weil die Geldschwemme der Europäischen Zentralbank auf mittlere und lange Sicht eine anziehende Inflation bewirken wird.

f) Im Einkauf liegt der Segen!

Diese von erfolgreichen Unternehmern geprägte Weisheit gilt auch für Renditeimmobilien. Ganz entscheidend für den Erfolg eines Immobilieninvestors ist, dass die Immobilien zu vernünftigen Preisen gekauft werden. Der Kaufpreis hat maßgeblichen Einfluss auf die erzielbare Rendite und auf etwaige Veräußerungsgewinne bei einem späteren Verkauf.

Selten werden Immobilien zu dem Preis verkauft, der im Exposé des Maklers angegeben ist oder vom Verkäufer zu Beginn der Verhandlungen aufgerufen wird. Daher ist es ein Gebot der Vernunft, den geforderten Kaufpreis noch ein Stückchen nach unten zu verhandeln. Als Faustformel können Sie annehmen, dass die Kaufpreisvorstellungen des Verkäufers zu Beginn der Verhandlungen mindestens 10% höher angegeben werden als die tatsächliche Preisvorstellung und Schmerzgrenze. Lassen Sie sich auch nicht verwirren von Angaben des Verkäufers oder des Maklers des Verkäufers, dass es sich um einen „Festpreis" handelt. Es gehört zum Ritual dazu, dies zu Beginn der Verhandlungen zu behaupten.

Gleichwohl wäre es ein Fehler, den Verkäufer in den Gesprächen plump auf diese Annahme hinzuweisen und ohne weitere Begründung einen Preisnachlass von 10% zu verlangen. In den Verhandlungen geht es natürlich auch darum, dass der Verkäufer ernst genommen werden möchte. Wenn Sie ihm ins Gesicht sagen, dass er einen uralten Taschenspielertrick verwendet und zur Abkürzung von zähen und langwierigen Gesprächen einfach sofort 10% Preisnachlass gewähren soll, dann wird er sich vor den Kopf gestoßen fühlen und es besteht ein hohes Risiko, dass er die Verhandlungen abbricht bevor sie begonnen haben.

Daher spielt ein kluger Investor das Spiel der Verhandlungsrituale brav mit und bekommt nach Ablauf der üblichen Phasen und Gespräche mindestens 10% Preisnachlass. Zu dem Ritual gehört auch dazu, dass der Käufer plausible Argumente für den geforderten Preisnachlass vorbringt und diese möglichst überzeugend ausleuchtet. Wenn Sie die Immobilie vor dem Kauf von einem Bausachverständigen untersuchen lassen (was sehr empfehlenswert ist), dann können Sie in den Verhandlungen sehr gut mit einer von diesem erstellten Liste mit den erforderlichen Instandsetzungsmaßnahmen und Kosten argumentieren.

Darüber hinaus können Sie mit der aktuellen Miete und dem für die Immobilie relevanten Vervielfältiger argumentieren. Aktuelle Durchschnittszahlen für Vervielfältiger in einer Stadt oder einem Stadtgebiet können Sie z.B. aus Marktberichten großer Immobilienmaklerunternehmen ableiten.[65] Dabei sollte Ihnen bewusst sein, dass es sich um Durchschnittszahlen handelt, die Sie auch nach unten abrunden können, wenn sie damit in Kaufpreisverhandlungen argumentieren. Bevor Sie jedoch mit diesen Zahlen argumentieren und diese erforderlichenfalls in den Verhandlungen auch mit Angabe der Quelle offenlegen, sollten Sie für sich selbst rechnen und abgleichen, ob dieses Zahlenmaterial geeignet ist, die derzeitige Kaufpreisvorstellung des Verkäufers nach unten zu verhandeln. Misslich wäre es, wenn die Zahlen dem Verkäufer Argumente für eine Erhöhung seiner Kaufpreisvorstellungen liefern. Es hat sich bewährt, zunächst mit den recherchierten Durchschnittszahlen für relevante Vervielfältiger und den aktuellen Mieteinnahmen zu rechnen und diesen Wert mit den Kaufpreisvorstellungen des Verkäufers abzugleichen. Wenn sich herausstellt, dass sich bereits mit den Durchschnittszahlen eine Kaufpreisreduzierung argumentativ untermauern lässt, ist das gut.

---

[65] Ich verweise z.B. auf die folgende Internetseite:
http://www.engelvoelkers.com/de/unternehmen/research/

Weil Sie als kluger Investor aber besonders günstig einkaufen wollen, gehen Sie einen Schritt weiter und suchen plausible und möglichst überzeugende Argumente, dass der durchschnittliche Vervielfältiger aufgrund der Besonderheiten der Mikrolage und des baulichen Zustandes des Gebäudes nach unten zu korrigieren ist. Hierbei müssen Sie behutsam vorgehen. Die Argumente dürfen nicht „an den Haaren herbeigezogen" wirken und müssen zumindest plausibel sein. Sie müssen unbedingt den Eindruck vermeiden, dass Sie den Verkäufer nicht ernst nehmen und ihm die Immobilie unter Wert abluchsen wollen. Sonst besteht nämlich ein hohes Risiko, sich die Kaufpreisvorstellungen des Verkäufers verhärten oder, dass er gar ärgerlich wird und die Verhandlungen abbricht.

Weitere schlagkräftige Argumente für eine Kaufpreisreduzierung lassen sich aus den Bodenrichtwerten und den Marktrichtwerten des Gutachterausschusses ableiten. Diese Zahlen haben insbesondere deshalb einen argumentativ durchschlagenden Effekt, weil sie aus tatsächlichen Verkäufen am Belegenheitsort der Immobilie abgeleitet sind. Daher kann der Verkäufer gegen solche Zahlen des Gutachterausschusses wenig vorbringen. Allenfalls könnte argumentiert werden, dass die Mikrolage der Immobilie und der bauliche Zustand der Immobilie überdurchschnittlich gut sind. Auch dazu sollten Sie sich zum Zeitpunkt der Kaufpreisverhandlungen bereits ein Bild gemacht haben und daher präpariert sein, diesem Einwand des Verkäufers überzeugend zu begegnen.

Verhandlungsgeschick ist eine hohe Kunst, die man am besten durch viel Übung und Erfahrung lernt. Darüber hinaus ist eine optimale Vorbereitung auf die Verhandlungen eine wichtige Erfolgszutat für gute Verhandlungsergebnisse. Wenn Sie es mit einem sehr geschickten Verkäufer zu tun haben, dann verhandelt dieser nicht selbst, sondern lässt durch einen Immobilienmakler verhandeln. Dabei haben Sie den verhandlungstaktischen Nachteil, dass Sie keinen direkten Eindruck von dem Verkäufer bekommen und auch keine Schlussfolgerungen aus den Reaktionen des Verkäufers auf Ihre Argumente und Kaufpreisvorstellungen ableiten können. Mimik und Körpersprache können in Verhandlungen sehr aussagekräftige Informationsquellen sein. Diese Informationsquelle ist Ihnen in einer solchen Situation versperrt. Sie müssen hingegen einkalkulieren, dass der Makler Ihre Reaktionen und auch Ihre Körpersprache in den Verhandlungen sehr genau beobachtet und analysiert und dem Verkäufer davon berichtet. Sie können versuchen, den Verkäufer in die Kaufpreisverhandlungen einzubinden und vorschlagen, die Gespräche zu Dritt zu führen. Sie müssen aber damit rechnen, dass der Makler einen solchen Vorschlag (natürlich auf Anweisung des Verkäufers) ablehnt und z.B. darauf verweist, dass der Verkäufer ein vielbeschäftigter Mann mit wenig Zeit ist.

In einer solchen Konstellation ist es ratsam, so zu verhandeln als wäre der Immobilienmakler personenidentisch mit dem Verkäufer. Häufig ist der Makler nämlich aufgrund von internen Vereinbarungen mit dem

Verkäufer motiviert, einen möglichst hohen Kaufpreis zu erzielen. Daher wird er eine ähnliche Motivation wie der Verkäufer haben. Mit einem **feinen Unterschied**: Der Makler bekommt überhaupt kein Geld, wenn es gar nicht zum Kaufvertragsabschluss kommt. Und genau hier können Sie die Schwachstelle dieser Vorgehensweise des Verkäufers ausmachen. Wenn Sie dem Makler mit der notwendigen Härte und Bestimmtheit signalisieren, dass **Ihre** Kaufpreisvorstellungen schwieriger zu verändern sind als die Kaufpreisvorstellungen des Verkäufers, dann wird der Makler motiviert sein, den Verkäufer hinsichtlich der Preisvorstellungen stärker zu bearbeiten als Sie. Denn wenn es keinen Kaufvertrag gibt, verdient der Makler überhaupt keine Provision und geht leer aus. Daher wird der Makler eher versuchen, die Partei mit den weicheren Positionen zu bearbeiten als die Partei mit den härteren Positionen. Auch hier dürfen Sie den Bogen nicht überspannen, um die Verhandlungen nicht vor die Wand zu setzen.

Selbstverständlich setzt eine solche Strategie einen halbwegs normalen Immobilienmarkt voraus, den wir derzeit leider in Metropolregionen und in mittelgroßen Städten im Umland von Metropolen in Deutschland nicht haben. Sie sollten jedoch gleichwohl nicht alle althergebrachten Grundsätze über Bord werfen und hektisch und überteuert einkaufen. Es ist besser, gar nicht zu kaufen als überteuert zu kaufen. Denn ein Immobilienkauf zu einem überhöhten Preis ist eine schlechte Investition.

7. Steuerfalle „Einkünfteerzielungsabsicht"

Sie werden sich vielleicht etwas wundern über die Überschrift dieses Abschnitts. Wieso kann man überhaupt an der Einkünfteerzielungsabsicht zweifeln? Selbstverständlich möchte jeder Einkünfte erzielen. Und zwar so viele wie möglich. Aber aus Sicht eines Finanzbeamten sieht die Welt ganz anders aus.

Hintergrund ist, dass bei der Absetzung von Werbungskosten bei der Vermietung einer Immobilie auch **negative Einkünfte** erwirtschaftet werden können. Solche sind dann gegeben, wenn die Werbungskosten die Mieteinnahmen übersteigen. Dann erzielt der Immobilieninvestor negative Einkünfte, die von seinem sonstigen zu versteuernden Einkommen abgezogen werden und damit seine Steuerlast mindern. Und genau hier hat der Finanzbeamte ein Problem, wenn er den Verdacht bekommt, dass der Investor mit der Immobilie langfristig nicht nachhaltig in die Gewinnzone kommen kann, sondern absichtlich Verluste erwirtschaftet, um Steuern zu sparen. Solche Konstellationen sind häufig bei der Vermietung an Angehörige unterhalb der marküblichen Miete gegeben. Insofern kann das Misstrauen des Finanzbeamten durchaus berechtigt sein und soll an dieser Stelle gar nicht kritisiert werden.

Es gibt aber noch andere Konstellationen, in denen Zweifel an der Einkünfteerzielungsabsicht weniger naheliegend sind und gleichwohl von der Finanzverwaltung gehegt werden. Solche Fälle sind für einen Investor viel gefährlicher, weil er gar nicht damit rechnet, dass ihm die Einkünfteerzielungsabsicht abgesprochen wird, wohingegen er bei der Vermietung an nahe Angehörige zu „Schleuderpreisen" schon ahnt, dass es ein Problem mit dem Finanzamt geben könnte.

Äußerst gefährlich ist z.B. die Vereinbarung eines Ankaufsrechtes für einen Mieter nach Ablauf einer zeitlich bestimmten Mietlaufzeit. Wenn Sie z.B. in einem Mietvertrag vereinbaren, dass der Mieter nach 15 Jahren ein Ankaufsrecht hat, dann wird das Finanzamt die Frage aufwerfen, ob in dieser Zeitspanne von 15 Jahren ein **Totalüberschuss der Mieteinnahmen über die Werbungskosten** erzielt werden kann. Vom Ergebnis einer solchen Prognose hängt dann ab, ob die Werbungskosten anerkannt werden oder nicht.[66] Denn nur bei Annahme eines positiven Totalüberschusses in der geplanten Bewirtschaftungsphase geht das Finanzamt von einer Einkünfteerzielungsabsicht aus und nur dann werden Werbungskosten anerkannt.

Bei einer unbefristeten Vermietung ohne Indizien für einen von Anfang an angepeilten Ausstiegszeitpunkt unterstellt das Finanzamt ohne weitere Prüfung einen Totalüberschuss zu Ihren Gunsten.[67] Bei einer befristeten

---

[66] Die Einzelheiten finden Sie in dem Schreiben des Bundesfinanzministeriums vom 08.10.2004 (Az IV C 3 - S 2253 - 91/04) – abrufbar unter dem folgenden Kurzlink: https://goo.gl/ApL9s4
[67] Ich verweise dazu auf Bundesfinanzhof, Urteil v. 10.05.2007 (Az IX R 7/07).

Vermietung wird hingegen auf den kürzeren Zeitraum der Befristung abgestellt, in dem die Prognose einen Totalüberschuss ergeben muss. Kritisch wäre daher z.B. auch eine Vermietung für einen befristeten Zeitraum (z.B. bis zum Renteneintritt), um dann selbst in die Immobilie einzuziehen, wenn in dieser Zeitspanne ein Totalüberschuss nicht darstellbar ist.[68] Sie sollten daher befristete Vermietungen und vertragliche Vereinbarungen vermeiden, die indizieren, dass die Vermietung nicht langfristig beabsichtigt ist.[69] Auf der sicheren Seite sind Sie in der Regel dann, wenn Sie einen unbefristeten Mietvertrag mit dem Mieter schließen und alle Festlegungen vermeiden, die eine vermeintliche oder tatsächliche Absicht nahelegen, dass Sie für die Bewirtschaftung einen befristeten Zeitraum ins Auge gefasst haben. Wenn Sie diesen Rat beherzigen, dann wird das Finanzamt – ohne Vorliegen weiterer Anhaltspunkte - keine Veranlassung haben, an der Einkünfteerzielungsabsicht zu zweifeln und ohne weiteres einen Totalüberschuss der Einnahmen über die Werbungskosten zu Ihren Gunsten unterstellen.

Anders zu beurteilen ist der Fall, wenn Sie zunächst eine langfristige Vermietung beabsichtigt haben, aber

---

[68] Ich verweise dazu auf Bundesfinanzhof, Urteil v. 09.07.2002 (Az IX R 57/00).
[69] Die Einzelheiten finden Sie in dem Schreiben des Bundesfinanzministeriums vom 08.10.2004 (Az IV C 3 - S 2253 - 91/04) – abrufbar unter dem folgenden Kurzlink: https://goo.gl/ApL9s4

später Ihre Meinung ändern und sich dann zum Verkauf der Immobilie entschließen. In einem solchen Fall sind aus Sicht des Finanzamtes keine Zweifel an der Einkünfteerzielungsabsicht angezeigt. Wenn jedoch ein enger zeitlicher Zusammenhang zu der Anschaffung besteht (in der Regel bis zu 5 Jahren), dann wird das Finanzamt misstrauisch und Sie müssen Umstände darlegen und nachweisen, dass Sie den Entschluss zum Verkauf erst nachträglich gefasst haben.[70] Einmal mehr sehen Sie, dass es keine gute Idee ist, eine Renditeimmobilie vor Ablauf von 10 Jahren Haltedauer abzustoßen.

Zweifel an der Einkünfteerzielungsabsicht können sich für das Finanzamt auch aus einem **langjährigen Leerstand** einer Renditeimmobilie ergeben. Sind dann keine aktiven Bemühungen zur Vermietung dokumentiert, dann werden Aufwendungen für die Immobilie vom Finanzamt nicht als Werbungskosten anerkannt.[71] Die Rechtsprechung nimmt – unabhängig von dokumentierten Vermietungsbemühungen – auch dann den Wegfall der Einkünfteerzielungsabsicht an, wenn eine dem Grunde nach gebrauchstaugliche Immobilie wegen fehlender Marktgängigkeit oder wegen struktureller Vermietungshindernisse (z.B. Überangebot am Markt

---

[70] Die Einzelheiten finden Sie in dem Schreiben des Bundesfinanzministeriums vom 08.10.2004 (Az IV C 3 - S 2253 - 91/04) – abrufbar unter dem folgenden Kurzlink: https://goo.gl/ApL9s4

[71] Ich verweise dazu auf Bundesfinanzhof, Urteil v. 11.12.2012 (Az IX R 14/12)

und großflächiger Leerstand) in absehbarer Zeit nicht mehr vermietet werden kann.[72] In einem solchen Fall hilft es auch nicht weiter, umfangreiche Vermietungsbemühungen nachzuweisen.

Problematisch sind auch überlange Leerstandszeiten wegen einer Sanierung oder Instandsetzung in Eigenleistung. In einem solchen Fall muss zumindest ersichtlich sein, dass die Immobilie in absehbarer Zeit vermietet werden kann. Ziehen sich die Arbeiten über mehr als vier Jahre hin, dann ist nach Auffassung der Rechtsprechung keine ernsthafte Vermietungsabsicht mehr anzunehmen mit der Folge, dass der Werbungskostencharakter der Aufwendungen entfällt.[73]

8. Immobilien in der GmbH

Denkbar ist auch, dass Sie Investitionen in Immobilien über eine GmbH tätigen, deren Anteile Sie selbst (entweder vollständig oder zu je 50% zusammen mit Ihrem Ehepartner) halten.

Warum sollte das sinnvoll sein? Für eine Antwort muss ich etwas ausholen. Sie werden dann erkennen, dass das unter bestimmten Umständen ein genialer Schachzug sein kann. Das entscheidende Argument möchte Ihnen vorab vorstellen: Sie können Ihre Steuer-

---

[72] Ich verweise dazu auf Bundesfinanzhof, Urteil v. 09.07.2013 (Az IX R 48/12)
[73] Ich verweise dazu auf Niedersächsisches Finanzgericht, Urteil v. 06.05.2010 (Az 11 K 12069/08)

belastung auf die laufenden Erträge aus der Vermietung auf sagenhaft niedrige 15% Körperschaftsteuern auf thesaurierte Gewinne drücken. Die niedrige Besteuerung auf Ebene der GmbH führt dazu, dass Sie deutlich mehr der Erträge reinvestieren können als wenn Sie die Gewinne durch die Einkommensteuer schleusen und damit auf eine wesentlich höhere Steuerbelastung kommen.

Ich hatte Ihnen weiter oben im Kapitel über die Besteuerung von Unternehmen dargestellt, wie belastend sich die Progression beim Einkommensteuertarif eines einzelkaufmännischen Gewerbetreibenden auswirkt, der gezwungen ist, seinen laufenden Gewinn jedes Jahr vollständig der Einkommensteuer zu unterwerfen.[74] Das gleiche gilt für die Einkommensteuerbelastung von Angestellten, die prinzipiell genauso auf das Einkommen anfällt wie bei einem einzelkaufmännischen Unternehmer. Dieser Nachteil der Einkommensteuerprogression lässt sich durch die Gründung einer Kapitalgesellschaft (z.B. einer GmbH) und die Thesaurierung der Gewinne bei der Kapitalgesellschaft abschalten.[75] Das gilt gleichermaßen für eine unternehmerische Tätigkeit wie für eine Investition in Immobilien. Diese Erkenntnis ist wichtig. Denn auch als Angestellter steht Ihnen somit ein interessanter Weg offen, um Ihre Investitionen in Immobilien steueroptimiert zu gestalten. Auch wenn es Ihnen

---

[74] Ich verweise dazu auf die Ausführungen in Kapitel D. I.

[75] Ich verweise dazu auf die Ausführungen in Kapitel D. II. 2. d). Dort hatte ich auch vorgerechnet, wie das funktioniert.

ungewohnt vorkommt, so spricht doch nichts dagegen, dass Sie als Angestellter eine GmbH gründen, um mit dieser Immobilien zu kaufen.

Allerdings hat die GmbH den Nachteil, dass die erzielten Gewinne aus der Vermietung der Immobilien als Einkünfte gewerblicher Art einzustufen sind und damit **eigentlich** eine Gewerbesteuerbelastung nach sich ziehen würden. Das hatte ich Ihnen ja oben bei den steuerlichen Konsequenzen der Rechtsformwahl der GmbH ausführlich dargestellt.[76] Hinzu kommt der Nachteil, dass von der GmbH gezahlte Gewerbesteuern **nicht** auf die Einkommensteuer der Gesellschafter angerechnet werden können und damit eine Definitivbelastung darstellen. Also scheint die Investition in vermietete Immobilien über eine GmbH nachteilig zu sein.

Und nun kommt § 9 Gewerbesteuergesetz (GewStG) ins Spiel: Wenn die GmbH ausschließlich Immobilien vermietet und ansonsten keine gewerbliche Tätigkeit entfaltet, kann gemäß § 9 Nr. 1 Satz 2 GewStG **auf Antrag** die Bemessungsgrundlage der Gewerbesteuer um die Gewinne aus Immobilien gekürzt werden. Es muss

---

[76] Ich verweise dazu auf die Ausführungen in Kapitel D. II. 2. Das Kapitel ist zwar für unternehmerische Tätigkeit geschrieben. Die rechtsformabhängigen steuerlichen Konsequenzen sind aber auf die Investition einer GmbH in Immobilien und die damit erwirtschafteten Erträge übertragbar.

sich aber um fremdvermiete Immobilien handeln.[77] Das bedeutet im Ergebnis, dass dann praktisch **keine** Gewerbesteuer anfällt. Damit ist die Steuerbelastung für thesaurierte Erträge der Immobilien-GmbH tatsächlich auf sagenhaft günstige 15% Körperschaftsteuer heruntergeschleust. Egal wie hoch auch immer die Progression bei der Einkommensteuer des Gesellschafters ist. Wenn der Gesellschafter der GmbH beispielsweise sonstiges steuerpflichtiges Einkommen oberhalb des Spitzensteuersatzes zweiter Stufe hat, dann ist das eine Differenz von sagenhaften 32,48% (= 47,48% - 15%) bei der Steuerbelastung, die durch die Zwischenschaltung einer GmbH eingespart wird. Das ist eine geniale Sache für Immobilieninvestitionen. Denn mit einer so geringen Steuerbelastung können große Teile der erwirtschafteten Gewinne reinvestiert werden statt ans Finanzamt abzufließen.

Es verbleibt allerdings ein durchaus gewichtiger Nachteil, den ich Ihnen nicht verschweigen will: Bei der Investition über eine Immobilien-GmbH ist es **nicht** möglich, Veräußerungsgewinne aus Immobilien steuerfrei zu realisieren. Auf Veräußerungsgewinne fallen dann in jedem Fall 15% Körperschaftsteuer an. Dabei wird der Veräußerungsgewinn aus der Differenz des Buchwertes und des Verkaufspreises ermittelt. Das be-

---

[77] Darüber hinaus gibt es einige weitere Anforderungen des GewStG für die Gewerbesteuerkürzung. Da die Regelungen recht kompliziert sind, müssen Sie im konkreten Fall genau prüfen, dass Sie alles richtig eingestellt haben und keine steuerschädlichen Aktivitäten der GmbH entfalten.

wirkt im Ergebnis, dass die in Anspruch genommene AfA rückwirkend beim Verkauf entfällt und die Steuerbelastung erhöht. Das ist ein durchaus gravierender Nachteil.[78] Dieser Nachteil ist dann weniger gravierend, wenn ein sehr langer Anlagehorizont für die Investition (30 Jahre und mehr) angepeilt wird und der Schwerpunkt auf der Erzielung einer laufenden Rendite liegt und nicht auf der Erzielung von Veräußerungsgewinnen.

Jetzt höre ich Sie entsetzt ausrufen: *„Moment, Moment! Wie kommen denn am Ende des Tages die Erträge der GmbH zu mir? Was habe ich davon, wenn die GmbH im Geld schwimmt und ich meine Autoreparatur nicht bezahlen kann...? Und außerdem habe ich oben gelesen, dass die Ausschüttung von Gewinnen einer GmbH an einen Gesellschafter bei der Steuer sauteuer ist!"*[79] Machen Sie sich keine Sorgen. Natürlich habe ich auch darüber nachgedacht. Ich hatte Ihnen dazu oben erklärt, dass es bei einer inhabergeführten GmbH (eine solche ist Ihre Immobilien-GmbH!) sinnvoller ist, sich selbst als Ge-

---

[78] Das liegt daran, dass die Steuerfreiheit für Veräußerungsgewinne gemäß § 23 EStG nur für im Privatvermögen gehaltene Immobilien gilt. Bei einer Immobilien-GmbH werden die die Immobilien jedoch zwingend Betriebsvermögen der GmbH.

[79] Ich verweise dazu auf die Ausführungen in Kapitel D. II. 2. Das Kapitel ist zwar für unternehmerische Tätigkeit geschrieben. Die rechtsformabhängigen steuerlichen Konsequenzen sind aber auf die Investition einer GmbH in Immobilien und die damit erwirtschafteten Erträge übertragbar.

schäftsführer von der GmbH anstellen zu lassen und steuerbegünstigt über eine Geschäftsführervergütung Gewinne aus der GmbH abzusaugen. Dann sind die Geschäftsführervergütungen auf Ebene der GmbH als Kosten absetzbar und werden dort mit 0% Steuern belastet. Wenn Sie nur die Beträge als Geschäftsführervergütungen aus der GmbH herausziehen, die Sie zum Leben benötigen, dann wird sich auch die Einkommensteuerbelastung für Sie in Grenzen halten, weil Sie schmerzhafte Progressionsstufen vermeiden können.

Dabei dürfen Sie natürlich nicht willkürlich die Geldbeträge als Geschäftsführervergütung entnehmen, die Sie gerade benötigen. Sie müssen vielmehr einmal gründlich nachdenken, welche Beträge Sie jährlich benötigen und einen entsprechenden Betrag (zzgl. Einkommensteuern) als Gehalt im Geschäftsführervertrag vereinbaren. Wenn der Betrag sich als zu gering herausstellt, können Sie sich später eine Gehaltserhöhung genehmigen. Das ist insofern nicht so schlimm, weil Sie keinen Chef haben, der Ihnen das verweigern könnte. Denn der Chef sind Sie als Gesellschafter der GmbH ja selbst!

Wichtig ist dabei, dass alles sauber dokumentiert und nicht willkürlich verändert wird. Sonst macht Ihnen das Finanzamt einen Strich durch die Rechnung und unterstellt Ihnen eine verdeckte Gewinnausschüttung, die im Ergebnis zu einer Steuerbelastung führt, die bei einer Ausschüttung der Gewinne angefallen wäre. Dann wird es (wie ich oben beim Steuerbelastungsvergleich zwischen GmbH und Personengesellschaft vorgerechnet habe) leider sehr teuer.[80]

Schließlich können Sie auch in einem solchen Fall zusätzlich Steuern sparen, wenn die GmbH eine Pensionszusage an Sie als Geschäftsführer macht und dafür Rückstellungen bildet, die Jahr für Jahr den steuerpflichtigen Gewinn der GmbH reduzieren.[81]

Diese Erklärungen dürften Ihnen gezeigt haben, dass es sich auch bei Investitionen lohnt, über die rechtsformabhängigen Konsequenzen für die Steuerbelastung nachzudenken. Die Immobilien-GmbH ist auch für einen Arbeitnehmer ein möglicher Weg zur Begrenzung der Steuerbelastung. Sie ist keine exklusive Domäne für Unternehmer.

Allerdings müssen Sie auch den administrativen Aufwand im Blick behalten, der für die Buchhaltung und die Steuererklärung bei einer GmbH höher ist. Das heißt, dass Sie jährlich für die GmbH eine Bilanz und eine Gewinn- und Verlustrechnung erstellen und in elektronischer Form an das Finanzamt übermitteln müssen. Das ist deutlich aufwendiger als die Erstellung einer Einnahmenüberschussrechnung und die Ausfüllung der Anlage V bei der Einkommensteuererklärung. Für die Erstellung des Jahresabschlusses und die Steuererklärun-

---

[80] Ich verweise dazu auf die Ausführungen in Kapitel D. II. 2. d)

[81] Ich verweise zur Vermeidung von Wiederholungen auf die Ausführungen weiter oben in Kapitel D. II. 5.

gen der GmbH werden Sie in der Regel die Hilfe eines Steuerberaters benötigen. Eine Einnahmenüberschussrechnung können Sie hingegen relativ einfach selbst erstellen. Damit haben Sie jährlich einen zusätzlichen Kostenblock in Höhe von Steuerberatungskosten, die durchaus einige Tausend Euro betragen können.

Es ist ein Rechenexempel im Einzelfall, ob sich unter Berücksichtigung von höheren administrativen Kosten und unter Berücksichtigung des sonstigen Einkommens des Gesellschafters bzw. der Gesellschafter die Konstruktion unter dem Strich lohnt. Wenn Sie nur eine einzige Eigentumswohnung vermieten, dann wird sich der höhere Aufwand für die Gründung der GmbH und die Buchhaltung und die Steuerklärungen kaum lohnen und die Vorteile aus der Besteuerung stark beeinträchtigen.

9. Immobilienfinanzierung mit der GmbH

Wie oben dargestellt, ist es zur Steigerung der Eigenkapitalrendite sinnvoll, Renditeimmobilien stets mit einem relativ hohen Darlehensanteil zu erwerben. Das bietet sich insbesondere in einer Niedrigzinsphase an, wenn es eine entsprechend große Spreizung zwischen ungehebelter Mietrendite und Darlehenszins gibt. Dann kann man vom Hebeleffekt der Fremdfinanzierung profitieren, der die Eigenkapitalrendite für das Immobilieninvestment nach oben hebelt.[82]

Wenn Sie bereits in der Rechtsform einer GmbH unternehmerisch tätig sind, dann bietet es sich für die Finanzierung an, sich das Darlehen für den Immobilienkauf nicht von einer Bank geben zu lassen, sondern von Ihrer GmbH. Jetzt werden Sie vielleicht erstaunt schauen beim Lesen dieser Zeilen. Aber in der Tat wäre das ein geschickter Schachzug. Denn so bleiben die gezahlten Darlehenszinsen in der eigenen Tasche. Denn die GmbH gehört ja Ihnen selbst. Das ist viel sinnvoller, als Zinsen an die Bank zu zahlen. Denn für eine länger laufende Finanzierung eines Immobilienkaufes werden insgesamt große Summen an Zinsen gezahlt. Es wäre schade, dieses

---

[82] Die Details zu diesem Thema konnten Sie oben im Kapitel E. I. 4. nachlesen.

Geld einer Bank „in den Rachen zu werfen", wenn man es auch in die eigene Tasche zahlen kann.

Wenn die Geschäfte der GmbH gut laufen, dann werden sich dort große Summen an Liquidität aufbauen. Über den Weg eines Darlehens kann dann ein Gesellschafter die Liquidität der GmbH für eine privat getätigte Investition in Immobilien nutzen. Wie wir oben gesehen haben, ist es aus Gründen der Steuerbelastung nicht sinnvoll, sämtliche Gewinne der GmbH stets an die Gesellschafter auszuschütten. Eine Thesaurierung in der GmbH führt in aller Regel zu einer viel geringeren Steuerbelastung als eine Ausschüttung und ist daher vorzugswürdig. Die GmbH verfügt daher über große Mengen an Liquidität und ist durchaus in der Lage, einem Gesellschafter ein Darlehen zu geben.

Steuerlich relevant werden dann nur die vereinbarten Darlehenszinsen für die Überlassung des Geldes an den Gesellschafter. Die Überlassung an sich ist ein steuerlich neutraler Vorgang, der keine Steuerbelastung nach sich zieht. Das Geld kann sowohl für die Finanzierung einer Renditeimmobilie als auch für die Finanzierung eines Eigenheims des Gesellschafters genutzt werden. Denn in beiden Fällen ist es sinnvoll, die Darlehenszinsen in die eigene Tasche zu zahlen statt an eine Bank.

Wichtig ist dabei, dass der Darlehensvertrag sauber dokumentiert und praktiziert wird. Darüber hinaus müssen halbwegs marktgerechte Zinsen vereinbart werden, was bei der derzeitigen Niedrigzinsphase kein Problem sein dürfte. Werden zu hohe Zinsen vereinbart, wird das

Finanzamt misstrauisch und anfangen, über das Problem einer verdeckten Gewinnausschüttung nachzudenken. Soweit sollten Sie es nicht kommen lassen und daher mit den Darlehenszinsen bitte nicht nach oben übertreiben. In der Regel besteht auch keine Notwendigkeit, überhöhte Darlehenszinsen zu vereinbaren. Eine Übertreibung nach unten bei den Darlehenszinsen ist weniger gefährlich, weil es nicht das böse Thema der verdeckten Gewinnausschüttung heraufbeschwört.

Denkbar ist natürlich auch, dass Sie für die Investition in Immobilien eine zweite gewerbesteuerbefreite GmbH einsetzen (wie im vorhergehenden Abschnitt 8. beschrieben) und Ihre andere GmbH Darlehen an die Immobilien-GmbH gibt. So können Sie die Vorteile der Vermeidung von Gewerbesteuer und der günstigen Besteuerung der laufenden Erträge mit lediglich 15 % Körperschaftsteuer mit einer intelligenten Immobilienfinanzierung von der linken in die rechten Tasche kombinieren.

II. Kapitalanlage in Aktien

Wenn es um die Investition von Geld geht, dann ist natürlich schnell das Thema Aktien auf dem Tisch. Aktien gelten als risikoreicher als Immobilieninvestments. Diese grundsätzliche Einschätzung ist sicherlich nicht ganz falsch. Allerdings wird von vielen Menschen ausgeblendet, dass Immobilien auch Risiken bergen und keineswegs eine Garantie für Rendite und Wertbestand beinhalten. Ich bin der Meinung, dass sowohl Immobilien als auch Aktien in ein gutes Investmentportfolio gehören. Ich hatte Ihnen im vorhergehenden Abschnitt vorgerechnet, dass Immobilien sehr lukrativ sein können und insbesondere beachtliche Steuervorteile generieren. In diesem Abschnitt möchte Ihnen zeigen, dass Aktien ebenfalls eine sehr intelligente Assetklasse sind und auch Chancen eröffnen, Steuervorteile zu generieren.

1. Chancen-Risiko-Profil

Lassen Sie uns zunächst einen Blick auf das Chancen-Risiko-Profil von Investitionen in Aktien werfen. Mit dem Erwerb von Aktien beteiligen Sie sich an einem Unternehmen und damit an den Chancen und Risiken eines Unternehmens. Zwar können Sie die Beteiligung bei börsengelisteten Unternehmen im Prinzip jederzeit verkaufen. Das ändert jedoch nichts daran, dass Sie über die Position des Aktionärs an Aufwärts- und Abwärtsbewegungen eines Unternehmens teilnehmen und entweder profitieren durch Kursgewinne und Dividenden oder Nachteile erleiden durch Kurseinbrüche und Ausfall von Dividenden.

Auch wenn bei den Börsenkursen von Aktien jede Menge Psychologie im Spiel ist und Erwartungen und Einschätzungen der Marktteilnehmer eingepreist sind, so bleibt die Wertentwicklung (ausgedrückt im Börsenkurs) am Ende des Tages gleichwohl mit der tatsächlichen Entwicklung des Unternehmens und der Unternehmensgewinne verknüpft. Sie sollten sich daher möglichst gründlich über ein Unternehmen informieren, bevor Sie Aktien kaufen. Das klingt selbstverständlich. Und gleichwohl verstoßen viele Marktteilnehmer dagegen und lauern auf schnelle Kursgewinne, indem Sie sich von angeblichen Geheimtipps von angeblichen Aktienexperten zu hektischen Käufen und Verkäufen verleiten lassen. Wenn man sie fragt, warum sie eine bestimmte Aktie gekauft haben, dann wird häufig geantwortet, dass diese von einem „Börsenexperten" empfohlen wurde, man sich aber keine weitergehenden Gedanken gemacht habe. Das ist keine gute Strategie.

Ich selbst verfolge einen anderen Ansatz: Ich informiere mich sehr gründlich über einige wenige Unternehmen, denen seriöse Marktbeobachter auf der Grundlage von Fundamentaldaten, langfristigen Rahmenbedingungen des Markumfeldes und Kennzahlen langfristig eine überdurchschnittliche Entwicklung zutrauen. Wenn ich solche Werte identifiziert habe, dann investiere ich langfristig mit einem Anlagehorizont von 10 Jahren und mehr. Damit habe ich sehr gute Erfahrungen gemacht. Auf der Grundlage dieser Strategie habe ich z.B. Aktien des Unternehmens Amazon gekauft, die allein in den letzten 3 Jahren eine Wertsteigerung von 253% zu verzeichnen hatten. Über einen Zeitraum von 5 Jahren ist der Kurs sogar um 596% gestiegen. Obwohl das schon sehr beachtliche Wertsteigerungen sind, werde ich die Aktien noch länger halten und nicht kurzfristig verkaufen. Denn ich habe mich sehr gründlich über das Unternehmen informiert und bin davon überzeugt, dass Amazon sich auch in der Zukunft besser als der Markt entwickeln wird. Ohne diese langfristige Orientierung beim Anlagehorizont hätte ich vielleicht den Fehler gemacht, die Aktien bereits bei 50% oder 100% Kurssteigerung zu verkaufen. Die Langfriststrategie auf der Basis einer sehr gründlichen Analyse der Fundamentaldaten hat mich vor diesem Fehler bewahrt.

Ich bin natürlich nicht der erste Investor, der diese Strategie nutzt. Sie wurde jahrzehntelang von Altmeister André Kostolany gepredigt und erfolgreich praktiziert. Sie scheint ein wenig in Vergessenheit geraten zu sein, ist jedoch nach wie vor eine sehr gute Strategie, die vor hektisch getroffenen Fehlentscheidungen bewahrt. Wenn Sie gezielt die Aktivitäten von anderen Investmentlegenden beobachten, dann werden Sie feststellen, dass auch sie auf der Grundlage eines langfristigen Anlagehorizonts unterwegs sind und damit genau auf der Linie von Kostolany operieren. Schauen Sie sich z.B. die Investmentaktivitäten von Warren Buffett an und beobachten Sie über längere Zeiträume, wie dieser Mann investiert. Das ist problemlos möglich, weil Buffett seine

Aktivitäten publik macht und in der Öffentlichkeit diskutiert. Bei genauerem Hinsehen werden Sie feststellen, dass von Hektik und schnellen Kursgewinnen oder gar Daytrading nicht einmal Spurenelemente zu erkennen sind. Es sind vielmehr langfristige Investitionen mit einem Anlagehorizont von 10 Jahren und länger. Buffett hat seit Beginn seiner Karriere als Investor im Jahre 1956 nahezu konstant überdurchschnittlich hohe Renditen von mehr als 20% pro Jahr erwirtschaftet. Eine derartig nachhaltige Erfolgsbilanz indiziert überdeutlich, dass Buffett offenbar eine sehr gute Strategie hat.

Kernpunkt seiner Strategie ist, dass der Erwerb eines Unternehmens (bzw. eines Anteils in Form einer Aktie) zu einem sehr attraktiven Preis erfolgen muss. Das ist übrigens eine interessante Parallele zu Investitionen in Immobilien.[83] Buffett selbst wird nicht müde zu erklären, dass sein Anlageerfolg kein Einzel- oder Zufallserfolg ist, sondern auf streng methodischem Vorgehen beruht. Es lohnt sich, den Lebenslauf von Buffett und seine zahlreichen Aussagen über die richtige Strategie für Aktieninvestments unter die Lupe zu nehmen. Ich habe das getan und sehr viel dabei gelernt. Davon abgesehen, ist Buffett auch ein sehr interessanter Mensch, so dass die Lektüre seiner Biographie keine lästige Pflichtübung ist, sondern beste Unterhaltung mit sehr hohem Erkenntniswert.

---

[83] Ich verweise dazu auf meine Ausführungen weiter oben in dem Abschnitt E. I. 6. f) mit der Überschrift „Im Einkauf liegt der Segen!".

Wenn Sie mit Menschen sprechen, die versucht haben, durch ständige Umschichtungen bei ihren Aktien auf der Grundlage von „Geheimtipps" das schnelle Geld mit Kursgewinnen zu machen, dann geben diese Leute in aller Regel an, dass das trotz viel Aktionismus am Ende des Tages nicht funktioniert hat. Die meisten haben kein Geld verdient, sondern Geld verbrannt. Hätten sie stattdessen ganz solide und gezielt in einen oder zwei Werte investiert und geduldig abgewartet, hätten sie erstens ruhiger geschlafen und zweitens Geld verdient statt Geld zu verbrennen.

Außerdem gibt es ein starkes steuerrechtliches Argument, einen langfristigen Anlagehorizont bei Aktieninvestitionen zu verfolgen. Dazu finden Sie weiter unten im Abschnitt 2. (Besteuerung von Erträgen aus Aktien) detaillierte Ausführungen.

Kommen wir noch einmal zurück zum Ausgangsthema des Chancen-Risiko-Profis. Betrachten wir beispielhaft einige Aktien rückschauend über einen Zeitraum von 10 Jahren, um zu sehen, wie sich diese entwickelt haben.

Aktie	Börsenkurs 30.05.2008	Börsenkurs 30.05.2018
Commerzbank	€ 135	€ 9
Deutsche Bank	€ 56	€ 10
Goldman Sachs	€ 114	€ 196
Alphabet (Google)	€ 189	€ 922
Telekom AG	€ 10	€ 13
Amazon Inc.	€ 52	€ 1.393
Apple	€ 17	€ 161
Mircrosoft	€ 18	€ 85
Daimler Benz	€ 49	€ 62
Fresenius	€ 20	€ 67
DAX	7.065	12.765

An diesen beispielhaft herausgegriffenen Werten können Sie sehr schön sehen, dass Aktien von namhaften Unternehmen (also nicht von „indonesischen Spielhallenaktien") sich in den letzten 10 Jahren völlig unterschiedlich entwickelt haben. Das gilt auch für Aktien aus der gleichen Branche. Sie können z.B. sehen, dass es bei den beiden größten deutschen Banken eine dramatische Wertvernichtung gegeben hat während im gleichen Zeitraum bei der US-amerikanischen Bank Goldman Sachs ein leichter Aufwärtstrend zu verzeichnen war.

Bei Internet-Werten wie Amazon und Google gab es in den letzten 10 Jahren eine geradezu explosionsartige Steigerung des Börsenkurses. Bei Technologiewerten wie Apple gab es eine Verzehnfachung des Börsenkurses während es bei dem Autowert Daimler einen nur sehr leichten Aufwärtstrend gab, den man fast schon als Seitwärtsbewegung einstufen kann.

Lassen Sie uns die Frage stellen, welche Erkenntnisse man aus diesen Kursentwicklungen ziehen kann. **Erkenntnis Nr. 1** ist, dass angeblich solide DAX-Werte keineswegs gegen dramatische Kurseinbrüche gefeit sind. Das können Sie sehr schön an den Aktienkursen von Commerzbank und Deutsche Bank sehen. Das zeigt, dass es „idiotensichere" Blue Chips an der Börse nicht gibt, obwohl diese Einschätzung sehr verbreitet ist. Sie ist und bleibt falsch.

Erkenntnis Nr. 2 ist, dass deutsche Aktien entgegen landläufig vertretener Meinung keineswegs immer überdurchschnittlich gut abschneiden. Viel besser als deutsche Aktien haben in den letzten 10 Jahren z.B. US-amerikanische Aktien abgeschnitten. Das sollte all denen zu denken geben, die sich gerne auf den heimischen Aktienmarkt fokussieren und den US-amerikanischen Aktienmarkt ausblenden. Eine derartige Einengung der Perspektive ist schädlich und verhindert, dass Sie überdurchschnittliche Marktchancen erkennen und für eine gezielte Investition nutzen können. Nehmen wir ein Beispiel. Als der Börsenkurs von Amazon bei € 450 stand, habe ich mit einem Bekannten diskutiert, welche Werte sich zum Kauf anbieten. Ich habe damals Amazon favorisiert und dann auch in größerem Umfang gekauft. Der Bekannte hingegen sagte, dass Amazon irgendwie nicht attraktiv wirke, ohne das weiter begründen zu können. Er ergänzte noch, dass die USA ja auch so intransparent und weit weg wären. Er war hingegen sehr überzeugt von Daimler und Volkswagen. Ich glaube, dass er sich heute ärgert, dass er meinen Fingerzeig ignoriert und sich nicht weiter damit beschäftigt hat.

Erkenntnis Nr. 3 ist, dass globale Trends wichtig sind für die Identifizierung von guten Aktien. Ich habe deshalb Amazon Aktien gekauft, weil ich davon überzeugt bin, dass der Internet-Handel und das Cloud-Computing starke Wachstumsmärkte sind. Auf beiden Gebieten ist Amazon Marktführer. Darüber hinaus profitiert Amazon von der Niedrigzinsphase, weil das den Konsum ankurbelt und die Sparbestrebungen drosselt. Da Amazon Konsumgüter und keine Investitionsgüter vertreibt, profitiert das Unternehmen auch hier. Schließlich meidet Amazon schwierige Märkte wie China und begrenzt damit intelligent die Risiken. All das erklärt sehr plausibel die überdurchschnittliche Entwicklung von Amazon. Globale Trends erklären auch die beachtliche Steigerung des Börsenkurses von Apple in den letzten 10 Jahren. Wie Sie sehen, ist es sehr wichtig, globale Trends zu erkennen und für die Investitionsentscheidung zugrunde zu legen. Das ist häufig zielführender als auch noch die 500. Analystenmeinung zu studieren.

Erkenntnis Nr. 4 ist, dass Sie mit einer Investition in ein DAX-Zertifikat in den letzten 10 Jahren auch nicht schlecht gefahren wären. Wenn Sie sehr sicherheitsorientiert sind und nicht die Zeit oder Lust haben, sich mit einzelnen Unternehmen zu beschäftigen, dann kann es durchaus sinnvoll sein, in einen Index zu investieren. Das muss nicht unbedingt der DAX sein. Es könnte z.B. auch der DOW JONES oder der S&P 500 sein. Über längere Zeiträume betrachtet, weisen seriöse Indizes nahezu ausnahmslos einen Aufwärtstrend auf. Außerdem bildet ein Index einen Korb von Aktien diverser Unternehmen ab, was das Risiko eines sehr großen Verlustes oder eines Totalausfalls reduziert. Auch wenn es nach meiner persönlichen Einschätzung und Präferenz attraktiver ist, in Einzelwerte zu investieren, so würde ich nicht so weit gehen, eine Investition in einen Index zu verteufeln.

2. Besteuerung von Erträgen aus Aktien

Wie oben angekündigt, möchte ich Ihnen auch noch einige Informationen und Tipps geben, wie man Aktieninvestments steueroptimiert gestalten kann. Viele Menschen sind so damit beschäftigt, hektisch zu kaufen und zu verkaufen, dass sie bisher völlig versäumt haben, sich Gedanken über eine Steuerstrategie zu machen. Diesen Fehler sollten Sie nicht machen.

Mit Aktien kann man auf zwei verschiedene Arten Geld verdienen: Man kann Dividenden kassieren oder Kursgewinne realisieren. **Dividenden** sind Gewinnausschüttungen von Kapitalgesellschaften an Gesellschafter.

Diese Gewinnausschüttungen werden mit 25% Abgeltungssteuer zzgl. Solidaritätszuschlag (in der Summe 26,375%) besteuert. Darüber hinaus kann man **Kursgewinne** realisieren, wenn man die Aktie verkauft und dafür einen höheren Preis erhält als den Einkaufspreis. Veräußerungsgewinne werden bei Aktien seit dem 01.01.2009 (Stichtag ist das Kaufdatum der Aktie) ebenfalls mit der Abgeltungssteuer (= 26,375%) besteuert. Bis zum 31.12.2008 waren Veräußerungsgewinne noch steuerfrei, wenn die Aktien mindestens 1 Jahr lang gehalten worden waren.

Die Abgeltungssteuer auf die Dividenden ist nicht so schlimm. Denn der Pauschalsatz von 26,375% Einkommensteuer tut jedenfalls dann nicht weh, wenn man ein hohes laufendes Einkommen mit einem höheren Grenzsteuersatz hat. Noch einmal zur Erinnerung: Der Grenzsteuersatz von 44,31% (= Spitzensteuersatz 1. Stufe zzgl. Solidaritätszuschlag) ist bereits ab einem zu versteuernden Einkommen von € 54.950 (Stand 2018) erreicht. Dagegen wirken 26,375% wirklich moderat. Und wenn Sie tatsächlich mit Ihrem Grenzsteuersatz unterhalb von 26,375% liegen sollten, dann können Sie die Abgeltungssteuer auf Antrag gegen den persönlichen Einkommensteuersatz tauschen. Das wissen viele Menschen nicht. Wir können als Fazit festhalten, dass die Besteuerung der Dividenden nach der seit dem 01.01.2009 geltenden Rechtslage durchaus akzeptabel ist.

Wenn wir uns nun die Besteuerung von Kursgewinnen aus Aktien genauer anschauen, dann ist die Einführung der Abgeltungssteuer ein erhebliches Ärgernis. Denn bis zum 31.12.2008 konnten Veräußerungsgewinne steuerfrei realisiert werden, wenn die Aktien mindestens 1 Jahr lang gehalten worden waren. Nach der seit dem 01.01.2009 geltenden Rechtslage können Veräußerungsgewinne aus Aktien überhaupt nicht mehr steuerfrei realisiert werden. Auch nicht nach 10 Jahren Haltedauer wie bei Immobilien, die im Privatvermögen gehalten werden. Das ist höchst ärgerlich. Insbesondere ist schwer nachvollziehbar, warum diese Möglichkeit für Investitionen in Aktien vollständig abgeschafft wurde, während sie bei Immobilien mit einer Spekulationsfrist von 10 Jahren beibehalten worden ist.

Nach meiner Einschätzung ist die Abschaffung der Steuerfreiheit von Veräußerungsgewinnen für Aktien zum 01.01.2009 bei gleichzeitiger Beibehaltung der Steuerfreiheit für Immobilien verfassungswidrig, weil sie gegen den Gleichheitssatz des Grundgesetzes (Artikel 3 GG) verstößt, der auch für das Steuerrecht gilt. Interessant ist in diesem Zusammenhang, dass auch einige Politiker bereits Bedenken bekommen haben im Hinblick auf die Verfassungskonformität des gesamten Konstruktes der Abgeltungssteuer.[84] Daher sehe ich eine hohe Wahrscheinlichkeit, dass das Bundesverfassungsgericht diese

---

[84] Ich verweise dazu auf ein Gutachten von Prof. Dr. Englisch vom 04.03.2015, das von der Bundestagsfraktion der Partei Bündnis90/Die Grünen in Auftrag gegeben worden ist. Sie finden das Gutachten im Internet unter dem folgenden Kurzlink: https://goo.gl/BTdTbk

ungleiche Behandlung von Veräußerungsgewinnen bei Aktien und Immobilien als verfassungswidrig einstufen wird. Das wird jedoch noch einige Zeit dauern, bis ein entsprechendes Verfahren dort anhängig gemacht und entschieden wird. Gleichwohl sehe ich am Ende des Tages keine Gefahr für die Steuerfreiheit von Veräußerungsgewinnen bei Immobilien und sehr gute Chancen, dass dieses Privileg auch für Aktien wieder eingeführt wird. Denn mit an Sicherheit grenzender Wahrscheinlichkeit werden die Politiker auf eine entsprechende Entscheidung des Bundesverfassungsgerichtes so reagieren, dass sie im Zweifel lieber Steuerprivilegien für Aktien wieder einführen, als Privilegien für Immobilien abzuschaffen. Die Verfassungsmäßigkeit der Steuerfreiheit von Veräußerungsgewinnen bei Immobilien könnte auch so hergestellt werden, dass die Veräußerungsgewinne bei Aktien genauso privilegiert werden. Das würde auf eine Spekulationsfrist von 10 Jahren bei Veräußerungsgewinnen aus Aktien hinauslaufen. Die Alternative, die Steuerfreiheit von Veräußerungsgewinnen für Immobilien auch abzuschaffen und damit Immobilien und Aktien steuerrechtlich gleichzustellen, werden die Politiker wohl kaum wählen. Ich bin bereit, darauf eine Wette abzuschließen!

Es gibt zwar bereits nach geltender Rechtslage eine Möglichkeit, Veräußerungsgewinne aus Aktien nahezu steuerfrei zu realisieren. Das Zauberwort dafür heißt „Schachtelprivileg". Wenn Sie Aktien über eine GmbH kaufen, werden Veräußerungsgewinne bei der GmbH **nicht** mit dem Abgeltungssteuersatz besteuert, **wenn** Sie zu mindestens 10% an der Aktiengesellschaft beteiligt sind. Die Veräußerungsgewinne bleiben dann vielmehr bis auf einen kleinen Schönheitsfehler steuerfrei. Das wird als Schachtelprivileg bei Beteiligungen von Kapitalgesellschaften bezeichnet. Der Schönheitsfehler ergibt sich daraus, dass nicht 100% der Veräußerungsgewinne steuerfrei realisiert werden können, sondern nur 95%. Die verbleibenden 5% des Gewinns sind auf Ebene der GmbH mit dem Körperschaftssteuersatz von 15% und dem einschlägigen Gewerbesteuersatz zu versteuern. Bei einem Gewerbesteuerhebesatz von beispielsweise 400% (= 14% Gewerbesteuerbelastung) fallen damit schlanke 1,45% Steuern auf den Veräußerungsgewinn an (= 15% KSt x 5% + 14% GewSt x 5%). Das sind deutlich weniger als die 26,375% Abgeltungssteuer, die bei der Realisierung von Veräußerungsgewinnen durch Privatpersonen anfallen.

Allerdings hat die Sache einen Haken: Es funktioniert nur bei mindestens 10% Beteiligung an der Aktiengesellschaft und dürfte damit nur für institutionelle Investoren realisierbar sein, die in großem Stil investieren. Für Kleinanleger erweist sich damit diese Steuersparmöglichkeit als nicht realisierbar. Es bleibt jedoch die Möglichkeit, auf die Änderung der Rechtslage zu warten und Aktien so lange zu halten, bis die Steuerfreiheit für Veräußerungsgewinne auch für Aktien wieder eingeführt wird. Bis dahin kann man Dividenden kassieren.

III. Aktienfonds und Indexzertifikate

Sie sind in aller Munde: Börsengehandelte Aktienfonds (ETF's) und Indexzertifikate. Diese Finanzprodukte sollen professionelles Anlagemanagement und eine intelligente Risikostreuung durch Diversifizierung sicherstellen und dem Anleger schwierige Entscheidungen abnehmen, in welche Aktien er investieren soll.

Es klingt erst einmal gut: Das Risiko begrenzen durch eine breit gestreute Investitionen in professionell gemanagte Aktienfonds. Geht ein Unternehmen aus dem Fonds pleite oder macht es Verluste, so ist der Verlust nach unten begrenzt, weil andere Unternehmen in dem Fonds einen Ausgleich schaffen. Mittlerweile hat sich jedoch herumgesprochen, dass aktiv gemanagte Aktienfonds bei langfristiger Betrachtung eine Performance unterhalb des Marktdurchschnittes erzielt haben. Interessant ist, dass das nicht etwa daran lag, dass die Fondsmanager schlechter als der Durchschnitt des Marktes investiert haben, sondern daran, dass die von den Anlegern zu zahlende Vergütung für das Management in Form einer jährlichen prozentualen Gebühr die Performance unter den Marktdurchschnitt gezogen hat.

Interessant ist auch, dass Investmentlegenden wie Warren Buffett gar nicht in Aktienfonds investieren, sondern nur in Einzelwerte. Ich denke, dass es dafür gute Gründe gibt. Ich selbst investiere auch nicht in Aktienfonds. Zum einen, weil ich keinen Sinn darin sehe, auf eine überdurchschnittliche Rendite zu verzichten und zum anderen, weil es für mich reizlos ist, sich keine Gedanken über eine Investition in ein bestimmtes Unternehmen zu machen. Es ist ein wenig wie Pauschalurlaub in Form einer organisierten Gruppenreise statt einer Individualreise. Ich bevorzuge eindeutig die selbst organisierte Individualreise.

Dann gibt es noch die Indexzertifikate, die einfach den Inhalt eines bestimmten Index abbilden. Diese haben den Vorteil, dass keine jährlichen Managementgebühren anfallen, die ja bei aktiv gemanagten Aktienfonds häufig die Performance unter den Marktdurschnitt ziehen. Aber es bleibt dabei, dass man letztlich ohne eigene Überlegungen nur auf einen globalen Trend setzt. Da Aktienmärkte bei der Betrachtung über sehr lange Zeiträume einen deutlichen Aufwärtstrend aufweisen, ist auch das sicherlich eine vertretbare Strategie. Aber es ermöglicht eben nur durchschnittliche Renditen und keine weit überdurchschnittlichen wie sie z.B. Warren Buffett mit mehr als 20% pro Jahre erwirtschaftet.

INDEX

Abgeltungssteuer................ 183
Abschreibungen für
Abnutzung (AfA) 128, 141
Aktien....................................... 174
Aktienfonds............................ 187
Aktiengesellschaft..................43
Altersvorsorge 9, 22, 91
André Kostolany................... 176
Anlage G 31, 55, 61, 99
Anlage KAP 65
Anlage V 169
Anschaffungskosten 120
anschaffungsnaher Aufwand
.... 142
Arbeitnehmer..........................17
atypisch stille Beteiligung 41
Ausschüttung.........................37
Bank 150
Bargründung 36
Besteuerung des
einzelkaufmännischen
Unternehmens.......................54
Besteuerung von
Kapitalgesellschaften............62
Besteuerung von
Personengesellschaften 60
Betriebsaufgabe.....................111
Betriebsaufspaltung.............114
Betriebsvermögen 29
Bilanz 30
Bodenrichtwert 156
British Ltd. 45
Bruttovermögen..................... 16
Buchführung................... 30, 36
Bundesverfassungsgericht 184
Chancen-Risiko-Profil 152, 174
Darlehen 171

Darlehensfinanzierung........116
Deutsche
Rentenversicherung..............24
Dividenden 44, 118, 174, 182
Eigenkapital.................... 117, 128
Eigenkapitalbindung...........148
Eigenkapitalrendite 119, 128
Einheitliche und gesonderte
Gewinn- und
Verlustfeststellung............... 60
Einkommensteuer................55
Einkommensteuerbelastung 6
Einkommensteuererklärung
.... 31, 34, 55
Einkommensteuersatz...55, 56
Einkünfte aus
Kapitalvermögen 65
Einkünfteerzielungsabsicht
.... 159
Einmann-GmbH............. 38, 81
Einnahmenüberschussrechnung 30, 55, 169
Einzelkaufmännisches
Gewerbe..................................29
Erbschaft- und
Schenkungsteuer................. 143
ETF..187
Europäische Zentralbank .. 152
Firmenwert 103, 108, 109
Firmenwertgutachten 110
Freiberufler 30
Freibetrag.................................63
Fremdvergleich 93
Fünftelregelung......................111
Gesamtrendite 133
Gesamtsteuerbelastung....... 66

Geschäftsführervergütung 72, 79, 84, 88, 168
Geschäftsmodell 33
Gesellschaft mit beschränkter Haftung (kurz: GmbH) 35
Gesellschafterversammlung
.... 37
gesetzliche Rentenversicherung 84
Gewerbeerlaubnis 30
Gewerbesteuer 44, 55, 58, 61
Gewerbesteuerfreibetrag 97
Gewerbesteuerhebesatz 63, 68
Gewinn- und Verlustrechnung 30
Gewinnausschüttung 65
Gewinnverwendungsbeschluss 64
GmbH 163, 171, 185
GmbH & Co. KG 40, 95
GmbH & still 41, 96
Grenzsteuersatz 7
Grunderwerbsteuer 120
Gründung der GmbH 36
Gründungsphase 103
Gutachterschuss 156
Haftung 40
Haftung der Gesellschafter 32
Haftungsbegrenzung 29
Haltedauer 162
Handelsregister . 30, 33, 36, 42, 43
Hauptversammlung 44
Hebeleffekt 117, 171
Hebelung 130
Hebelwirkung 153
Holdingstruktur 46, 113
Immobilien 119
Immobilienfinanzierung 171
Immobilien-GmbH 163
Immobilienmakler 157
Indexzertifikate 187

Inflation 149
Innengesellschaft 41
Instandhaltungskosten 122
Investitionen 5
Investor 17
Jahresabschluss 30, 36, 169
Jahresarbeitsentgeltgrenze . 83
Jahresnettomiete 121
Kapitaldienstfähigkeit 150
Kapitalgesellschaft ... 32, 35, 62
Kapitalisierungsfaktor 125
Kaufnebenkosten 120
Kaufpreis 153
Kommanditgesellschaft 40
Körperschaftssteuer 44
Körperschaftsteuersatz 62
Kursgewinne 174, 182
Leerstand 162
Liquiditätsvorteil 92
Maklerprovision 121
Marktberichte 155
Mieterhöhung 137
Mindeststammkapital 43
Mini-GmbH 38, 45
Nachsteuerrendite 128
negative Einkünfte 159
Nettovermögen 16, 132
passive Einkünfte 4
Pensionszusage ... 9, 24, 84, 88, 91
Personengesellschaft 32
Privatvermögen 29
Progression des Einkommensteuertarifes 7
Rechtsformwahl 25, 27
Rechtsformwechsel 108
Rendite 119
Renovierung 140
Rentenversicherung 9
Risikosteuerung 149
Rürup-Rente 24
Sachgründung 36

Schachtelprivileg 115, 185
Schenkung 144
Solidaritätszuschlag 7, 56
Sonderbetriebseinnahmen .. 89
Sonderbetriebsvermögen ... 90
Sonderbilanz 89
Sozialversicherungsabgaben
.... 117
Sozialversicherungsbeiträge
.... 82
Spitzensteuersatz 7, 55
Stammkapital 39
Steuerbelastung 17, 116
Steuerbelastungsquote 6
Steuerbelastungsvergleich .. 69
Steuerfallen 102
Steuerlast 56
steuerlich transparent 60
steuerliche Transparenz 32, 36
Steuern 141
Steuerstundungseffekt 92
stille Reserven 41, 104, 108, 109
thesaurierte Gewinne 164
Thesaurierung 37, 75
Tilgung 132
Totalüberschuss 160

typisch stillen Gesellschaft. 41
Unternehmensgründung 25, 27
Unternehmer 17
Unternehmergesellschaft
(haftungsbeschränkt) 38
Veräußerungsgewinn .. 95, 111, 118, 133, 166
verdeckte
Gewinnausschüttung 81, 85, 94, 168, 173
Verhandlungen 154
Vermietung an Angehörige
.... 159
Vermögen 16
vermögensverwaltenden
GmbH & Co. KG 95
vertikaler Verlustausgleich . 65
Vervielfältiger 125
Verwaltungskosten 123
Vorbehaltsnießbrauch 146, 147
Vorsteuerrendite 128
Warren Buffett 176
Wertentwicklungsstrategie
.... 137
Wertsteigerungspotential .. 136

BONUSMATERIAL

Liebe Leserin,

Lieber Leser,

als Erwerber dieses Buches sind Sie zum Bezug von Bonusmaterial berechtigt. Sie können aus folgenden zwei Optionen eine auswählen:

1. Berechnungstool für Kapitalanlagen in Immobilien als MS-Excel-Datei
2. Anwaltsgeprüfter Mustermietvertrag und zahlreiche Mustertexte für die Vermietung als MS-Word-Datei

Das **Berechnungstool für Kapitalanlagen in Immobilien** basiert auf dem Tabellenkalkulationsprogramm MS-Excel und wird ausführlich beschrieben in meinem Buch „**Geld verdienen mit Wohnimmobilien – Erfolg als privater Immobilieninvestor**". Es ermöglicht die Erfassung aller relevanten Objekt- und Finanzierungsdaten und verarbeitet diese vollautomatisch weiter zu den entscheidenden Kennzahlen (z.B. Kaufnebenkosten, Darlehenszinsen, Freier Cash-Flow und Eigenkapitalrendite). Besonders erwähnen möchte ich die integrierte Erfassung einer Darlehensfinanzierung, die aus der Eingabe der Konditionen eines Darlehensvertrages alle relevanten Werte errechnet und in die weitere Kalkulation automatisiert einspeist. Damit müssen Sie nicht mehr „stückeln" mit mehreren Rechentools, sondern haben alles mit einem Tool im Blick.

Das Bonusmaterial in Form eines **anwaltsgeprüften Mustermietvertrages und zahlreicher Mustertexte für die Vermietung** (u.a. Übergabeprotokolle, Betriebskostenabrechnungen, Musterschreiben für Mieterhöhungen, Abmahnungen und Kündigungen) ist Bestandteil meines Buches „**Vermietung & Mieterhöhung – Wegweiser zu Ihrem Erfolg**" Sie erhalten eine MS-Word-Datei, so dass Sie mit den Texten sofort arbeiten und sich das lästige Abtippen und Fotokopieren sparen können.

Das Bonusmaterial erhalten Sie unkompliziert über einen Downloadlink auf Anforderung per E-Mail unter Angabe der von Ihnen getroffenen Wahl (Rechentool oder Mustertexte für die Vermietung):

isr@alexander-goldwein.de

An dieser Stelle möchte ich mich bei allen treuen Lesern herzlich bedanken für viele interessante Rückmeldungen und Gespräche.

Alexander Goldwein

DER AUTOR

Alexander Goldwein ist gelernter Jurist und hat einen internationalen Bildungshintergrund. Er hat in drei Staaten in drei Sprachen studiert. Er ist mit Kapitalanlagen in Immobilien self-made Millionär geworden.

Als Autor und Berater hat er zahlreiche Menschen zu wirtschaftlichem Erfolg geführt. Goldwein verfügt über eine große Bandbreite praktischer Erfahrung aus seiner Tätigkeit als Jurist in der Rechtsabteilung einer Bank sowie als kaufmännischer Projektleiter in der Immobilienbranche. In seiner praktischen Laufbahn hat er Immobilieninvestments in den USA und in Deutschland aus wirtschaftlicher und rechtlicher Sicht begleitet und verantwortet. Durch seine Bücher hat Goldwein sich bei privaten Kapitalanlegern einen legendären Ruf erarbeitet, weil er mit seinen ganzheitlichen Erklärungsansätzen den idealen Nährboden für gelungene Investitionen in Wohnimmobilien erzeugt. Mit eigenen Investitionen in Immobilien hat er ein beachtliches Vermögen aufgebaut und wirtschaftliche Unabhängigkeit erlangt.

Goldwein verfolgt konsequent den Ansatz, komplexe Themen einfach zu erklären, so dass auch Anfänger ohne Vorkenntnisse mühelos folgen können. Er erreicht so alle, die gerne in Immobilien investieren würden, aber bisher noch keinen Zugang zu dem notwendigen Fachwissen erhalten haben. Leider werden Grundkenntnisse des Investierens und des klugen Umgangs mit Geld in unserem Bildungssystem sträflich vernachlässigt. So erklärt sich, dass viele Menschen sich damit schwer tun und ihre Chancen nicht richtig nutzen.

GELD VERDIENEN MIT WOHNIMMOBILIEN

Erfolg als privater Immobilieninvestor

ISBN 978-0-993950-64-3 (Taschenbuch)

ISBN 978-0-994853-33-2 (Hardcover)

Auf Amazon.de: http://amzn.to/22FkyNs

Auch Sie können Erfolg haben mit Kapitalanlagen in Wohnimmobilien!

- Strategien zur sicheren & rentablen Kapitalanlage in Wohnimmobilien
- Aufspüren lukrativer Renditeimmobilien auch in angespannten Märkten
- Grundlagen der Immobilienbewertung und Kaufpreisfindung
- Checklisten zur professionellen Prüfung & Verhandlungsstrategien für den Ankauf
- Strategien für die optimale Finanzierung und Hebelung der Eigenkapitalrendite
- Berechnung von Cash-Flow & Rendite mit dem als Bonus erhältlichen Excel-Rechentool
- Steueroptimierte Bewirtschaftung & Realisierung von Veräußerungsgewinnen
- Praxisrelevante Grundlagen des Immobilienrechtes (inklusive der Besonderheiten bei vermieteten Eigentumswohnungen)
- Praxisrelevante Grundlagen des Mietrechtes (inklusive der Regelungen zu Mieterhöhungen)

STEUERLEITFADEN FÜR IMMOBILIENINVESTOREN

Der ultimative Steuerratgeber für Privatinvestitionen in Wohnimmobilien

ISBN: 978-0-994853-36-3 (Taschenbuch)

ISBN: 978-0-994853-38-7 (Hardcover)

Auf Amazon.de: http://amzn.to/2ecvfF2

Sichern Sie sich maximale Steuervorteile durch überlegenes Wissen! Der Autor erklärt Ihnen Schritt für Schritt praxiserprobte Steuerstrategien für vermietete Wohnimmobilien. Kompakt, verständlich und gründlich.

- Maximaler Ansatz von Werbungskosten
- Realisierung steuerfreier Veräußerungsgewinne
- Steuervorteile bei Denkmalschutzimmobilien
- Ferienimmobilien im In- und Ausland als Renditeobjekt
- Erbschafts- und Schenkungssteuer (steueroptimierte Übertragung auf Ehepartner & Kinder)
- Bonusmaterial: Excel-Tool für Kalkulation von Rendite, Finanzierungskosten und Cash-Flow

VERMIETUNG & MIETERHÖHUNG

Mit anwaltsgeprüftem Mustermietvertrag & Mustertexten

ISBN: 978-0-994853-31-8 (Taschenbuch)

ISBN: 978-0-994853-39-4 (Hardcover)

Auf Amazon.de: http://amzn.to/22FlloI

Dieser Ratgeber hilft mit umfassenden Informationen und praktischen Tipps, die Vermietung professionell anzupacken. Er führt verständlich in die praxisrelevanten Grundlagen des Mietrechtes ein und leitet daraus strategische Empfehlungen ab. Darüber hinaus erhalten Sie zahlreiche Mustertexte (z.B. Übergabeprotokolle, Betriebskostenabrechnungen) und Musterschreiben (z.B. für Mieterhöhungen, Abmahnungen und Kündigungen), um das vermittelte Wissen konkret in die Praxis umzusetzen. Anwaltsgeprüfter Mustermietvertrag und zahlreiche Mustertexte für die praktische Umsetzung

- Strategien für die richtige Mieterauswahl
- Muster für professionelle Nebenkostenabrechnung
- Mieterhöhungen durchsetzen & Mietminderungen abwehren
- Entschärfung von Konfliktherden mit Mietern

IMMOBILIEN STEUEROPTIMIERT VERSCHENKEN & VERERBEN

Erbfolge durch Testament regeln & Steuern sparen mit Freibeträgen & Schenkungen von Häusern & Eigentumswohnungen

ISBN: 978-0-994853-37-0 (Taschenbuch)

ISBN: 978-0-994853-34-9 (Hardcover)

Auf Amazon.de: http://amzn.to/2cAaoPs

Dieser Ratgeber hilft Ihnen, Ihr Testament richtig aufzusetzen und die Übertragung Ihres Vermögens auf die nachfolgenden Generationen steueroptimiert zu gestalten. Immobilien als Bestandteil des Vermögens sind in ganz besonderem Maße geeignet, durch Ausnutzung von Gestaltungsspielräumen Steuern zu sparen und die alte Generation für das Alter abzusichern. Die Grundlagen und Gestaltungsmöglichkeiten werden in diesem Buch systematisch und verständlich dargestellt.

- Optimale Gestaltung des Testamentes zur Übertragung von Immobilien auf Kinder und Enkel
- Schenkungen von Immobilien zu Lebzeiten als Mittel zur Senkung der Steuerbelastung
- Absicherung des Schenkers von Immobilien durch Nießbrauch, dingliches Wohnrecht und Leibrente
- Anhang mit Mustertexten zur Umsetzung der Strategien

DIE GESETZE VON ERFOLG & GLÜCK

Ihr Weg zu finanzieller Freiheit & Zufriedenheit

ISBN: 978-3-947201-01-3 (Taschenbuch)

ISBN: 978-3-947201-13-6 (Hardcover)

Auf Amazon.de: http://amzn.to/2pPSAAm

Es ist die Frage der Fragen: Wie wird man als Mensch erfolgreich und glücklich? Der self-made Millionär und Bestsellerautor Goldwein gibt Antworten und verrät in diesem Buch die Geheimnisse seines phänomenalen Erfolges. Innerhalb weniger Jahre ist der gelernte Jurist mit Kapitalanlagen in Immobilien Millionär geworden und darüber hinaus zu einem der erfolgreichsten Sachbuchautoren in Deutschland aufgestiegen. Er hat mit seinen Ratgeberbüchern viele Leser begeistert und zu wirtschaftlichem Erfolg geführt. Aus dem Inhalt:

- Selbsterkenntnis als Schlüssel zum Erfolg
- Wege in die finanzielle Freiheit
- Chancen erkennen & nutzen
- Steigerung der Effizienz mit einfachen Mitteln
- Steigerung der Lebensqualität & Zufriedenheit
- Mehr Erfolg bei weniger Stress
- Unabhängigkeit & Freiheit erlangen

FERIENIMMOBILIEN IN DEUTSCHLAND & IM AUSLAND

Erwerben, Selbstnutzen & Vermieten

ISBN: 978-3-947201-15-0 (Taschenbuch)

ISBN: 978-3-947201-16-7 (Hardcover)

Auf Amazon.de: http://amzn.to/2i2pwHi

Viele Menschen träumen von einer eigenen Ferienimmobilie in Deutschland oder im Ausland. Dieser Ratgeber zeigt Ihnen, worauf es beim Erwerb und bei der Finanzierung ankommt und wie Sie Fehler vermeiden.

Sie erfahren ganz konkret:

- Kriterien für die Auswahl der Ferienimmobilie
- Kriterien für die Auswahl des Standortes
- Ermittlung des angemessenen Kaufpreises
- Rechtssicherer Erwerb im Inland und im Ausland
- Eliminierung typischer Fehlerquellen
- Eigennutzung und Vermietung der Ferienimmobilie
- Ferienimmobilie als Kapitalanlage
- Steuerrechtliche Fragen bei Erwerb und Vermietung
- VISA-Anforderungen bei Auslandsimmobilien

FERIENIMMOBILIEN IN SPANIEN

Erwerben, Selbstnutzen & Vermieten

ISBN: 978-3-947201-21-1 (Taschenbuch)

ISBN: 978-3-947201-22-8 (Hardcover)

Auf Amazon.de: http://amzn.to/2wqBhgd

Viele Menschen träumen von einer eigenen Ferienimmobilie in Spanien. Dieser Ratgeber zeigt Ihnen, worauf es beim Erwerb und bei der Finanzierung ankommt und wie Sie Fehler vermeiden.

Sie erfahren ganz konkret:

- Kriterien für die Auswahl der Ferienimmobilie
- Ermittlung des angemessenen Kaufpreises
- Rechtssicherer Erwerb in Spanien
- Eliminierung typischer Fehlerquellen
- Eigennutzung und Vermietung
- Ferienimmobilie in Spanien als Kapitalanlage
- Steuerrechtliche Fragen bei Erwerb und Vermietung
- VISA-Anforderungen für langfristige Niederlassung

FERIENIMMOBILIEN IN DEN USA

Erwerben, Selbstnutzen & Vermieten

ISBN: 978-3-947201-23-5 (Taschenbuch)

ISBN: 978-3-947201-24-2 (Hardcover)

Auf Amazon.de: http://amzn.to/2h3um77

Viele Menschen träumen von einer eigenen Ferienimmobilie in den USA. Dieser Ratgeber zeigt Ihnen, worauf es beim Erwerb und bei der Finanzierung ankommt und wie Sie Fehler vermeiden.

Sie erfahren ganz konkret:

- Kriterien für die Auswahl der Ferienimmobilie
- Kriterien für die Auswahl des Standortes
- Ermittlung des angemessenen Kaufpreises
- Rechtssicherer Erwerb in den USA
- Eliminierung typischer Fehlerquellen
- Eigennutzung und Vermietung
- Ferienimmobilie als Kapitalanlage
- Steuerrechtliche Fragen bei Erwerb und Vermietung
- VISA-Anforderungen in den USA

DAS IMMOBILIEN-PRAXISHANDBUCH FÜR EIGENNUTZER

Die richtige Strategie für Immobilienkauf, Immobilienfinanzierung & Neubau

ISBN: 978-3-947201-33-4 (Taschenbuch)

ISBN: 978-3-947201-34-1 (Hardcover)

Auf Amazon.de: https://amzn.to/2HDMHnu

Kauf, Neubau und Finanzierung eines Eigenheims stellen langfristige und weitreichende Weichenstellungen dar. In diesem Ratgeber erhalten Sie umfangreiche Informationen und Checklisten für den Kauf einer gebrauchten Immobilie sowie für den Neubau in Eigenregie. Als Bonus ist ein Excel-Rechentool für Immobiliendarlehen verfügbar. Mit diesem Ratgeber werden Sie in der Lage sein, die Anschaffung und Finanzierung gut zu organisieren und teure Fehlgriffe zu vermeiden.

- Kauf einer gebrauchten Immobilie
- Kauf einer Neubauimmobilie vom Bauträger
- Kauf eines Grundstückes & Bau in Eigenregie
- Besonderheiten beim Kauf einer Eigentumswohnung
- Kauf in der Zwangsversteigerung
- Strategien für eine intelligente Finanzierung mit Darlehen & Eigenkapital
- Staatliche Förderung des Eigenheimerwerbs
- Berechnungstool für Darlehensfinanzierungen

LEITFADEN FÜR INVESTMENTSTRATEGIE, STEUERSTRATEGIE & STEUEROPTIMIERTE RECHTSFORMWAHL

Das Erfolgsgeheimnis für den Aufstieg aus der Mittelschicht zum Millionär

ISBN 978-3-947201-37-2 (Taschenbuch)

ISBN 978-3947201-38-9 (Hardcover)

Auf Amazon.de: https://amzn.to/2t58tHv

Viele Menschen aus der Mittelschicht schaffen den Aufstieg zum Millionär nur deshalb nicht, weil ihnen die entscheidenden Informationen fehlen, um ihre Steuerbelastung zu verringern und durch intelligente Investitionen ein Vermögen aufzubauen. Das gilt insbesondere für hochqualifizierte Arbeitnehmer und kleinere mittelständische Unternehmer.

Für die Erlangung von finanzieller Freiheit und wirtschaftlicher Unabhängigkeit ist der Aufbau eines größeren Vermögens unverzichtbar. Dazu sind drei entscheidende Baustellen in den Blick zu nehmen:

1. Erhöhung der Einnahmen
2. Intelligente Investition von Kapital zur Generierung passiver Einkünfte
3. Begrenzung der Steuerbelastung

EXISTENZGRÜNDUNG LEICHT GEMACHT: IN 7 SCHRITTEN ERFOLGREICH DURCHSTARTEN IN DIE SELBSTÄNDIGKEIT:

Geschäftsmodell, Charakterliche Eignung, Recht & Steuern

ISBN 978-3-947201-41-9 (Taschenbuch)

ISBN 978-3947201-42-6 (Hardcover)

Auf Amazon.de: https://amzn.to/2zmVK6d

Viele Menschen träumen von einer Karriere als erfolgreicher Unternehmer. Doch nur wenige erreichen dieses Ziel. Für unternehmerischen Erfolg sind grundlegende charakterliche Prägungen und Veranlagungen erforderlich. Mindestens genauso wichtig sind ein planmäßiges Vorgehen und eine gute Wissensgrundlage.

Dieser Ratgeber vermittelt die erforderlichen Grundlagen für eine erfolgreiche Existenzgründung und hilft bei der Entwicklung eines tragfähigen Geschäftsmodells. Außerdem verrät der Autor die besten 3 Geschäftsmodelle aus seiner Beratungspraxis für Existenzgründer.

Der Bestsellerautor und self-made Millionär Alexander Goldwein ist gelernter Jurist und erfolgreicher Unternehmer und Investor. Mit seinen Ratgeberbüchern hat er zahlreiche Leser begeistert und zu wirtschaftlichem Erfolg geführt.

Printed in Poland
by Amazon Fulfillment
Poland Sp. z o.o., Wrocław